JN436604

강은 오늘 불면이다

강은 오늘 불면이다

강은교 외 28명의 작가 지음
한국작가회의 저항의글쓰기실천위원회 엮음

Archive

기획의 말

저항의글쓰기실천위원회(위원장 도종환)에서는 2010년 봄부터 4대강 사업을 주요 저항 의제로 삼아 다양한 참여를 벌여왔습니다. 많은 작가들이 현장을 방문해 신음하는 강을 확인하고, 여러 지면을 통해 반대 의견을 밝혔습니다. 그러나 그 어떤 절규도 이 정권에는 우이독경입니다. 저항의글쓰기실천위원회에서는 보다 호소력 있고 지속적인 저항 운동을 벌이기 위해 강이 우리에게 어떤 의미가 있는지 시와 산문으로 답하는 책을 기획하게 되었습니다. 위원회는 별도의 기획위원회를 꾸려 여러 차례 논의한 끝에 시집 한 권과 산문집 한 권을 출간하기로 했습니다.

작가들에게 강은 무한한 창작의 원천이었습니다. 천 명의 작가에게 강은 천의 얼굴로 변주되는 심미적인 대상입니다. 강은 삶의 실존 공간일 뿐 아니라 시간이고, 역사이며, 또한 도저한 은유의 세계를 거느린 참으로 말간 언어입니다. 어버이에서 어버이로 우리가 삶을 이어왔듯 자연은 강에서 강으로 흘러왔습니다. 강은 생명으로서도 도도하고 역사로서도 유장합니다. 사랑의 노래만큼 강 역시도 이 대지 위에서 계속 불려야 할 노래입니다. 그러나 시인들은, 언어들은 지금 강으로부터 추방당할 위기에 놓여 있습니다. 4대강 사업은 보이지 않는 것들의 세계로부터 눈을 감은 자들이나 발상할 수 있는 야만입니다.

시집 《꿈속에서도 물소리 아프지 마라》와 산문집 《강은 지금 불면이다》는 이런 문제의식 속에서 기획되었습니다. 이미 단행본으로 발표된 시들과 산문들도 포함되었지만 대부분의 작품들이 오직 이 책을 위해서 새로 창작되었습니다. 100편의 시와 29편의 산문에서 독자들은 강이 우리에게 무엇이었는가, 무엇이어야 하는가에 대한 무수한 목소리들과 맞닥뜨릴 것입니다. 이 목소리들은 4대강에서 사라져가는 무수한 생명들의 목소리이자, 강에 기대 살아온 수많은 삶의 이야기입니다. 그리고 그것들을 송두리째 앗아가려는 4대강 개발로 대표되는 이 야만의 세월에 대한 처절한 저항의 몸짓이기도 합니다. 잠들지 못하는 이 땅의 강들은 지금 우리에게 묻고 있을지 모릅니다.

"강이 죽은 자리에서, 당신들의 삶은, 역사는 온전히 흘러간다고 말할 수 있을 것인가?"

이제 우리 모두가 강의 물음에 답해야 할 차례입니다.

2011년 2월

기획위원 노경실, 전성태, 홍기돈, 이선우, 김근, 이영주, 박혜숙

서문

작가들이 길어 올린 작지만 깊은 신음소리

노경실(아동문학가 · 한국작가회의 부이사장)

"'발전해 가는구나!'

새로 가설된 철로 위로 기차가 승객과 석탄, 공구와 식료품을 가득 실은 채 도착했을 때 엔지니어가 내뱉은 말이었다. 드넓은 초원은 황금빛 햇살 속에서 조용히 타올랐고, 숲으로 뒤덮인 높은 산맥은 푸르스름하게 지평선에 걸려 있었다. 들개들과 초원의 들소들은 황무지에서 작업이 시작되고 한바탕 소동이 일어나는 것을, 녹색의 대지에 석탄과 재와 양철 지붕의 마을이 생겨나는 것을 지켜보았다."

헤르만 헤세의 《환상동화집》에 실린 〈도시〉라는 짧은 글의 한 부분입니다. 이 글 속에는 특정 인물이나 이름이 전혀 언급되지 않지요. 세월이 주인공이며, 죽고 살고 망하고 흥하는 것들이 이야기의 줄기일 뿐입니다. 그래서인지 짧은 글 속에서 세월은 몇백 년을 흐릅니다. 그 흐름 속에서 자연과 인간과 사랑과 무정함과 파괴와 홍성이 수없이 반복됩니다. 그 반복이라 함은 짓고, 파괴되고, 정복하고, 무너지고, 강탈하고, 빼앗기고, 죽이고, 살아남고의 다른 이름일 뿐입니다.

"학생들은 그곳을 거닐며 그들 역사의 변천 과정을 관찰했다. 선생님들은 어떻게 거친 원형들로부터 세련됨이, 동물로부터 인간이, 야만인으로부터 교양인이, 궁핍으로부터 풍요가, 자연으로부터 문화가 생겨났는지에 대해 들려주며 이것을 '놀라운 발전과 진보의 법칙'이라 말했다."

하지만 그 학생들이 어른이 되었을 때 그들 역시 선조들의 오류와 시행착오 속에 놓이게 됩니다. 그런데도 사람들은 건물 높이가 한 층 더 올라감에 탄성을 지르며 '발전'을 자축합니다. 처음에는 내 것을 지키기 위하여 눈을 부릅뜨다가 마침내는 충혈된 두 눈으로 남의 것마저 제가 지키겠다는 야망에 조상들의 전쟁과 몰살과 황폐의 역사를 반복합니다. 그리하여 세상은 또다시 불타고, 땅은 갈라지고, 강물은 핏빛이 됩니다. 스스로 견디다 못해 다시 그들은 '발전의 이름'으로 수리하고, 건설하고, 저장하고, 개척하고, 성벽을 높여갑니다.

또 한 세기가 흐릅니다. 시간도 흐르고, 산천도 변하지만 불가사의한 일이 하나 있습니다. 인간의 마음과 성품은 짐승의 날고기와 뜨거운 피를 마시던 그 시대의 사람들과 하나도 다르지 않다는 것입니다. 이미 창조주의 프로그램 안에 저장된 예약 상황처럼 세상은 요동을 칩니다. 소돔과 고모라 성에 뿜어내린 불과 유황의 심판처럼 사람들은 맘몬의 사랑스러운 신부들처럼 밤마다 교태를 부리며, 만족할 줄 모르는 욕망의 위장을 위해 잠도 자지 않고 바삐 뛰어다닙니다.

지금 우리네 모습과 다를 게 없습니다. 4대강 개발, 국토 개발, 더 나은 발전이란 명분 아래 마치 태초부터 강물이 인간의 것인 양 마음대로 유린하고 있습니다. 우리는 알고 있습니다. 강물은 하늘이 때에 따라 주는 눈과 비로 이루어집니다. 그리고 계속 낮은 곳으로, 낮은 곳으로, 그리고 더 낮은 곳으로 흘러갑니다. 하지만 사람들은 '발전의 때'를 잡아야 한다며 삽질을 멈추지 않습니다. 더 높은 곳으로, 더 높은 곳으로, 그리고 아득히 더 높은 곳으로 올라가야 한다며 목청을 높입니다.

한쪽에서는 아이들에게 살그머니 가르칩니다.

"애들아, 이건 시험에 나오는 거라서 꼭 외워야 한다. 인류의 4대 문명 발상지는 황허 강, 인더스 강, 나일 강 그리고 티그리스·유프라테스 강이야! 이 지역들은 대부분 지금과 달리 땅이 기름지고 푸르고 울창한 숲으로 덮여 있었단다. 그래서 식량도 풍부하고 사람들이 많이 모여 살았지."

김용택 시인은 말합니다.

"사람들이 자기를 어떻게 부르든 말든 강물은 제 갈 길을 간다. 오래도록 흐르며 자기가 만든 길은 때로 유유하고 때로 부서지고 굽이친다. …… 강물의 흐름이 굽이굽이 다채로워 물의 흐름을 자기 스스로 조절하여 자기 몸을 맑게 하고, 그 흐름의 세기가 곳곳에 따라 달라 작은 소沼들이 많아 또한 물을 걸러 자기 몸을 스스로 정화시킬 줄 알았다. 자기 몸을 스스로 정화할 줄 아는 강을 우리들은 자정 능력이 있는 강이라 하여 자기를 살리고 더불어 만물을 살리며 살아 흐르는 강이라 한다."

이처럼 산, 강, 바다, 나무, 풀, 작은 벌레들, 바람과 눈과 비는 인간과 함께 살고 죽고 태어났으며 사람들의 생명 그 자체입니다. 한 몸, 한 생입니다. 그래서 나무가 아프면 사람도 아프고, 강물이 괴로워하며 사람은 생명조차 위험해집니다. 풀과 벌레들이 점점 멸종되어가며 사람의 심장은 자기도 모르는 사이에 말라가고 강퍅해집니다.

작가들은 이런 세계의 아픔을 감지하는 사람들입니다. 세계의 아픔을 내 아픔으로 오롯이 받아 함께 아파하는 사람들입니다. 지금, 여기 곳곳에서 작가들이 그렇게 온몸으로 강과 함께 앓고 있습니다. 이 산문집은 그러므로, 강에 사는 뭇 생명들의 아픔이 고스란히 내려앉은 강물 저 깊은 곳에서 작가들이 겨우겨우 길어 올린 작지만 깊은 신음소리인지 모릅니다. 저 죽어가는 강물 속을 떠돌며 목숨을 부지하려고 사력을 다하는 물고기들의 소리 없는 비명인지 모릅니다. 단양쑥부쟁이와 맹꽁이들의 영혼이 작가들의 몸을 빌려 하는 조그맣고 여린 하소연인지 모릅니다. 아니, 아니, 강과 산과 하늘과 그 사이의 모든 뭇 생명들과 거기 기대어 살던 사람들이 하나가 되어 풀어내던 길고 긴 이야기들이 숨을 헐떡이며 내는 마지막 숨소리인지도 모릅니다.

강의 사람, 강의 작가는 또 말합니다.

"푸른 하늘 맑은 산과 물, 거기 사는 사람들의 고운 심성들은 한가지였다. 어렵고 복잡한 이론도 논리도 거기엔 없다. 오직 한 가지 하늘, 해, 산, 물, 바람, 땅, 새와 여러 짐승의 속내가 사람과 서로 지극히 닮았을 뿐이다. 어느 날 문득 앞 강물에 세수를 하려고 강물에 엎드렸을 때, 내 얼굴이 흐려 보였다. 거울이, 인간의 거울이 흐려진 것이다. 얼마나 그 얼마나 오랜 세월 산이 거기 있었고 강이 거기 있었던가. 사람들이 거기 또 그렇게 산과 강과 함께 있었던가."

기억하기 위하여, 강과 함께 사라져가는 모든 생명의 시간을 기억하기 위하여 작가들이 여기 모여 말을 합니다. 이 생명의 말을 많은 사람들이 듣고 함께 기억했으면 좋겠습니다.

아, 오늘도 귀가 따갑도록 들려오는 저 소리.

"발전을 위하여!"

이 환호는 누구의 목소리입니까? 어느 무리들의 구호입니까? 무엇을 위한 찢어진 깃발입니까? 어디로 향하는 잔인한 행진입니까?

차례

강의 반란

강영숙

포클레인은 이미 강바닥을 파고들어갔다. 4대강 사업의 위험성을 경고하는 국내외의 다양한 여론은 차곡차곡 무시되었다. 작년 12월 국제 환경단체인 세계습지네트워크는 "4대강 사업은 람사르 협약이 제시한 습지의 현명한 이용 원칙에 명백히 반한다. 강에 새로운 보를 건설하는 것을 결코 복원이라고 할 수 없다고 본다"는 내용의 공개 서한을 우리 정부에 보냈으며, 지난 2월 4일에는 "최근 4대강 사업 공사가 한창인 낙동강 퇴적토에서 발암 물질인 비소가 기준치보다 높게 검출되었다"는 신문 보도도 있었다(맹제영 신부, 〈'4대강 사업', 그 불편한 진실에 대한 성찰〉 중에서).

아름다운 강, 생명의 강, 생명의 젖줄 따위의 말들은 모두 다 어떻게 된 걸까. 지금 우리가 강을 놓고 하려는 일들이 그 말들과 어울리기는 하는 걸까. 이제 그동안 강을 향해 쏟아부었던 수많은 미사여구들은 모두 철수되어야 한다. 그런데 지금 어려움을 당하고 있는 건 강인데, 왜 강이 새로운 혼란을 일으키려는 것 같은 느낌이 드는지 모르겠다. 고백하자면 나도 강에 남모르는 열정을 품어왔다. 문학의 주제로 삼아 예찬한 적은 없지만 불규칙하게 이어지는 강줄기, 하늘과 맞닿은 채 고독하게 존재하는 강을 흠모했던 것 같다. 그래서 강철과 시멘트로 댐 높이만 한 보를 쌓고 물을 가둔다는 발상 자체가 잘 이해가 가지 않는다. 높이만 10미터가 넘고 깊은 수심까지 파고들어간 깊이가 7미터가 넘는 높다란 보를 세우고 강폭을 넓히면 기형 물고기도 사라지고 더러워 못살겠다고 떠났던 물고기들이 정말 다시 돌아올 수 있을까. 그러면 오염된 강이 정말 다시 살아날까. 강물 속이 눈에 훤히 보이는 것도 아닌데, 그렇게 쉽게 그리고 정말 그 모든 일이 불과 1, 2년 안에 끝날까.

아무래도 강이 자꾸 인간들에게 뭔가 새로운 혼란을 주려는 것 같다. 무엇보다 강의 도움을 받고 사는 강 주변 지역 주민들의 의견을 갈라놓고 분열시키고 있다. 이 중요한 문제를 정부 당국은 지방자치단체에 떠넘긴다. 지역 주민들이 원하지 않으면 더 이상 진행시키지 않겠다고 하면서 분열을 조장한다. 강 옆에서 강의 도움으로 살아온 사람들조차도 이 일에 대해 어떤 의견을 말하기는 매우 어렵다. 누구든 생계 문제를 앞에 놓고 철학과 가치를 얘기하기는 어렵다. 이 일은 그토록 어려운 일이다. 강이 소리를 지르는데 우리가 듣지 못한 건 아닐까. 우리가 듣지 못하니까 강 스스로가 새로운 혼란을 주려는 것인지도 모른다. 그래서 어쩌면 강을 걱정하고 강을 두려워하는 사람은 딱 한 사람, 이제는 정년퇴직한 이빨 다 빠진 전직 강 관리인 한 사람 정도, 그는 하루 종일 강에 나와 서성거리다가 독한 소주만 들이킨다. 강 관리인으로 일할 때 그는 강을 무슨 갓 태어난 어린아이나 막 크고 있는 예쁜 동물을 대하듯, 손으로 직접 어루만지듯 강을 돌봤다. 빽빽한 턱관절을 돌리느라 가끔씩 입을 벌리는 것 말고는 하루 종일 입도 열지 않는 그는 미친 사람처럼 강어귀를 싸돌아다닌다. 그의 귀에는 들린다. 강이 새로운 혼란을 만드는 소리가.

강의 입장에서 보면 이건 명백한 배신이다. 강은 무수한 세월 동안 우리 가까이에서, 사람들 옆에서 우리의 삶에 깊이 관여해왔다. 여러 세대에 걸쳐 인간들과 더불어 흘러왔고 인간의 생로병사에 깊이 관여해왔다. 사람들은 강을 개발했고 도시를 건설했으며, 끝없이 경제 발전을 도모했다. 사람들이 아무런 죄의식도 없이 하수도로 버린 세제, 공장 폐수, 독성 물질은 나날이 늘어갔지만, 강은 모든 걸 품어 안으며 침묵해왔던 것 같다. 그러나 아무리 맑고 깨끗하고 힘 있는 강이었다 한들 이렇게 공장을 밀집시키고 화학 물질을 흘려보내는 인간들이 있는 한 강은 버틸 힘이 없다. 강을 개발해 수많은 사람들을 먹고살게 도와주고 식수를 제공했지만, 이제 와서 강에게 돌려주는 건 수모와 경멸뿐이다. 강은 뭘 갖다 버려도, 어떻게 대해도 늘 건강한 존재로 남아 있을 거라 생각했던 걸까. 그러다 강은 병이 들었다. 그 강들이 태곳적부터 그랬을까. 그건 아니었다. 사람들은 끝없이 독성 물질을 배출했고 강은 자정 능력을 잃었다. 서서히 강 안으로 질병이 퍼졌지만 생태계의 위기라는 말은 사회 현상을 진단하는 가벼운 유행어에 불과했다. 우리가 마시며 살아온 강물이다. 설사 자정 능력을 잃은 힘없는 강이 되었다 한들 우리는 그 강물을 마셨고 이용했다. 사실 강은 우리와 같이 약한 존재였다. 사람들이 강이 약한 존재라는 걸 다 까먹었던 것이다. 그렇게 그 울분과 경멸을 안으로 안으로만 쌓은 흔적인 오염된 퇴적층을 갖고 있는 강에게, 그 자존심에, 오래된 상처에 포클레인을 들이댄다. 그렇게 앓고 있는 강에 대한 처방이 밑바닥을 파헤쳐 드러내는 것이다. 오염 물질은 그대로 배출하고 독극물은 여전히 강으로 흘려보내면서, 오염됐기 때문에, 농업용수로도 사용하지 못할 정도로 심하게 오염됐기 때문에, 자원 관리 차원에서 더러운 칸 한 칸 빼고 깨끗한 칸 한 칸 넣듯이 갈아 치워야 한다는 것이다.

다 파헤쳐보자! 건설이 궁극적인 해결책이라고 믿는 사람들의 광기 앞에, 강은 우리들 앞에 그 밑바닥을 드러내 보여주게 되었다. 다 파헤쳐보자. 어디까지 파헤칠 수 있을까. 얼마나 깨끗하게 만들 수 있을까. 오염되고 지저분한 것들은 꼭 눈앞에서 다 치워버려야 시원한지 그것도 잘 모르겠다. 강에 메스를 댄다. 콘크리트로, 강철로 강이 깨끗해질 수 있다면 얼마나 다행인가. 얼마나 다루기 쉬운 자연인가. 강은 단순한 물질이 아니고 살아 있는 유기체적인 존재라고, 이 사업과 아무런 이해관계도 없는 종교인들이, 전문가들이, 시민운동단체들이 아무리 얘기를 해도 듣지 않는다. 좀 더 시간을 갖고, 다른 나라의 오염된 강들이 어떻게 되살아났는지 그 사례를 연구하고 결정하자고 해도 듣지 않는다. 그러나 강 자체로만 얘기할 수밖에 없다. 돌려서 말할 수도 없고 다른 비유도 통하지 않는다. 강을 이렇게 만든 사람들은 누구일까. 바로 나다. 나는 언제나 글을 쓰는 일보다 생명을 소중하게 생각해왔다. 그렇게 떠들고 다녔다. 그러나 비웃는 소리가 들려온다. 웃기고 있어! 잘난 척 좀 그만해. 그러니까 이 모든 비난은 사실 강을 흠모해온 나에게 쏟아져야 한다. 국회에서 예산안이 통과되기도 전에 이 사업은 시작됐다. 그러나 어느 나라도 이런 일을 이렇게 급하게 처리하려고 덤비지 않는다. 최소한 20년에서 30년, 아니 50년은 기다려야 하는 게 아닐까. 아픈 강이 스스로 치유의 시간을 갖도록 기다려줘야 한다. 그래도 강은 회복되지 않을지도 모른다. 어쩌면 부분적으로 회복될 수도 있을 것이다. 오염층을 약간이라도 없앨 수만 있다면, 오염이 중단되어 오염 물질로 뒤덮인 강 속에 깨끗한 퇴적층이 조금이라도 다시 쌓일 수 있다면 그것만으로도 천만다행이다. 단순하게, 우리에게는 어머니와 같은 강이 파괴되고 있다는 얘기를 하려는 게 아니다. 파국을 얘기하려는 게 아니다. 우리에게 필요한 건 사업이 아니라 문화다. 생명이 생명을 부르고 생명을 살리는 문화를 만들어야 한다. 어린아이들이 성추행을 당하고 많은 사람이 자살하고 아무도 아이를 낳지 않으려는 이 반생명적인 문화, 이 반생명적인 문화를 바꾸는 운동, 이 반생명적인 문화의 흐름을 바꿔놓는 레토릭이 필요하다. 이런 일들은 우리 사회의 앞날에 대한 비전이라고는 눈곱만큼도 없이 정권 창출에만 미친 사람들과는 아무런 상관도 없는 일이다.

강은 지금 우리에게 무슨 말을 하려는 걸까. 이 끝없는 싸움, 이 끝없는 분열의 한가운데서 강은 지금 우리에게 무슨 말을 하려는 걸까. 모든 것을 당장 멈춰야 한다. 강을 사업의 대상에서 빼내와 다른 관점에서 새롭게 논의해야 한다. 그리고 강이 스스로를 치유할 시간을 주어야 한다. 그것이 강을 사랑한다고 말해왔던 사람들이 할 수 있는 최선의 일이다. 모든 것을 당장 멈춰야 한다.

강은 오늘 불면不眠이다

강은교

그 젊은 여자는 강 앞에 섰다. 강 건너의 둔덕과 가장 가까운 물목을 사람들이 건너는 것이 어둠 속에서 희끗희끗 보였다. 그 여자는 한숨을 쉬며 강을 바라보았다. 아직 캄캄한 새벽, 아마 곧 동이 터올 것이다. 태양이 일어서기 전에 저 강물을 건너야 하는데……. 그 여자는 등에 업은 아기를 돌려 안으며 다시 한숨을 쉬었다. 아기의 입을 막았다. 아기는 꼼틀꼼틀 보채며 곧 울 태세였던 것이다. 아기가 울기라도 하면 큰일이었다. 강변에는 곳곳에 러시아 병사가 서 있었다. 언제 총을 쏴댈지 모르는 상황이었다. 한 노인이 다가왔다. 그는 속삭이듯 말했다.

"아주머니, 왜 그렇게 서 있소? 강을 건너려고?"

"네, 강을 건너려고 하는데 건널 방법이 없군요. 키가 너무 작아서…… 물에 빠져버릴 거예요."

젊은 그 여자는 아기의 입에서 잠깐 손을 떼었다가 다시 황급히 막으면서 울 듯이 말했다.

"내가 건네줄 테니 얼마 주시겠소?"

그 노인은 옆에 세워놓은 지게를 가리키며 말했다.

그 젊은 여자는 가진 돈을 탈탈 털어 노인에게 건네며 거의 애원하듯이 속삭였다.

"얼마 안 되지만, 이거라도……."

고향 집(그 여자의 고향은 홍원이란 바닷가 소읍이었다)에서 몰래 나올 때 가지고 나온 돈은 기차가 있는 도시(함흥)까지 오는 기찻삯과 여관비로 거의 다 써버렸기 때문에 남은 돈은 얼마 되지 않았다. 하긴 기차를 탄 것만도 다행이었다. 남쪽으로 가려는 사람들 탓에 기차는 만원이었기 때문이다. 거의 아비규환이었다.

"좋소."

그 여자는 아기를 더욱 힘주어 안으며 지게에 올라앉았다. 지게에 올라앉으니 어둠이 더욱 몸을 덮치는 것 같아 바들바들 몸이 떨려왔다. 조마조마했다. 어느 순간 들킬지 몰랐다. 노인은 조심조심 물살을 헤치며 앞으로 나아갔다. 바람이 유난히 차가왔다.

"다 왔소. 천행이오, 애기 엄마. 잘 가시오."

노인은 젊은 여자가 지게에서 내리는 것을 도와주며, 이번에는 목소리를 꽤 힘차게 내어 말했다. 그 여자는 그새 쌔근쌔근 잠이 들어 있는 아기의 볼을 힘주어 만지며 웃음인지 울음인지 모를 묘한 표정으로 강 건너를 바라보았다. 산이며 들을 가슴에라도 넣듯이 오래오래.

"곧 돌아올 거야. 아버지만 만나면 돌아올 테니, '큰애'야 할머님 말씀 잘 들으며 있거라."

그 여자는 돌아섰다. 아기를 추슬러 다시 잘 업으며 그 여자는 신을 벗어들었다. 이젠 돈도 한 푼 없었다. 한 손에 든 보퉁이와 벗어든 신발이 그 여자가 가진 것 전부였다.

그 젊은 여자는 나의 어머니였다. 그 강은 임진강이었으며, 임진강을 지게로 건너 도착한 그 둔덕은 동두천이었다. 아기는 바로 나였고. 그래서 어머니는 가끔 말씀하곤 하셨다. "백일 때부터 너는 참 똑똑한 셈이었지. 우리 형편을 얼른 눈치채고 울지 않았으니까 말이다. 네가 울기라도 했으면 어쩔 뻔했니……"라고. 그러나 그때 어둠 속에 출렁이던 임진강 강물 앞에서 돌아선 후, 어머니는 다시는 그 강물을 건너지 못하셨다. 젖이 필요 없었기에 집에 두고 떠났던 '큰애'와 다시는 만나지 못하고 돌아가셨다.

"통일이 되면 우리 고향에 놀러가자. 쌀가마를 이고 가면 아주 좋을 거다. 거기 가자미는 얼마나 맛있다고……. 여기 가자미는 가자미가 아니야. 아 얼마나 물이 맑았다고. 모래밭은 또 얼마나 부드러웠는지……."

눈을 가늘게 뜨고 속삭이듯 말씀하시던 어머니의 목소리. 어찌어찌 어머니는 아버지를 만나셨는데, 휴전이 되는 바람에 고향에 돌아가지 못하시고 만 것이었다. 덕분에 우리는 가호적 세대가 되고 말았고, 고향 땅을 밟아보지 못한 채 백일에 동두천을 건넌 나는 고향 없는 세대가 되고 말았다. 그 후 몇 개의 흐름을 더 지나

오면서, 나는 늙어버렸다. 그러면 이야기를 더 계속해볼까. 나라는 사람이 어떻게 임진강—아마도 거기엔 수달, 가는 돌고래, 말똥가리, 꾸구리도 있었으리라—을 지나 낙동강, 또는 바다—게와 은모래가 출렁거리던—앞에 흐르며 서 있었는지를, 삶이 어떻게 흐르는 강물이며 바다였는지를, 그리고 그것들이 어떻게 오염되어갔는지를, 그것들이 오염되어갈 때 나의 삶은 얼마나 시커먼 가슴이 되었는지를.

대학을 나온 다음 나는 어찌어찌 부산에서 살게 되었다. '교수 초빙'이 되었기 때문이다. 낙동강이 출렁이는 하단이란 곳에 나는 짐을 풀었다. 그때 낙동강이 훤히 내려다보이는 어떤 학생의 집에 전세를 들었는데, 일몰이 얼마나 아름다웠던지. 일몰에 비쳐 강물은 붉은색으로 물들곤 했다. 파도도 붉게 핀 꽃이 떨어지듯이 부서지곤 했다. 커단 붉은 햇덩이가 산을 넘어 사라지면 강 건너 쪽으로 점점이 불이 켜지곤 했다. 그때 쓴 것이 시집 《붉은 강》의 시들이었다.

물론 그런 광경은 다시 볼 수 없어졌다. 키 큰 아파트가 강을 가로막고 들어섰기 때문이다. 건너편의 갈대밭도, 갈대밭 뒤로 점점이 켜지던 불빛들도. 아마도 그때 그 붉은 낙동강가 갈대숲에는 얼룩새코미꾸리, 재두루미가 날개를 펴고 마악 날려고 하며 서 있었을 것이다.

저물어 붉은 강에는

푸르게 뚫린 창이 두 개 있습니다.

창 하나는 우리의 그리움입니다.
물은 서 있고
아무리 흘러도 꿈은 흐르지 않아
흐르지 않는 것끼리 모여서
창 둘은 우리의 사랑입니다.
바람이 부니
곁에 섰던 어둠들
우르르 흩어집니다.
어둠 속
작은 밝음들도 흩어집니다.

—〈붉은 강 2〉 중에서

그 몇 년 후 나는 바닷가로 가게 되었다. 송도라는 곳이었다. 아름다운 남항의 바다 앞, 나지막한 산 밑에 선 아파트. 그곳은 일출이 아름다운 곳이었다. 햇덩이가 수평선 위로 불쑥 떠오를 때는 징소리가 들리곤 했다. 무녀들이 치는 징소리였다. 그때 나는 새벽녘이면 아파트 아줌마들과 조깅을 하곤 했는데 그때 바닷가 길에서 보는 햇덩이의 떠오름은 얼마나 장관이었는지, 햇덩이가 마구 나를 덮치는 느낌이었다고나 할는지. 거기서 나는 북녘의 바닷물이 그리로 흘러오는 것을 그 햇덩이와 함께 보곤 했다. 햇덩이는 말하자면 어머니가 그렇게 맑음을 강조하곤 하시던 북녘 고향 강씨 마을의 바닷물을 업고 있었다. 그래서였을까. 바다와 햇덩이를 보는 것은 고향을 보는 것이었다. 실향민 아닌 실향민인 내가 고향을 보는 것이었다. 통일을 보는 것이었다. 내가 그리로 온 것이 결코 우연이 아니었다. 언젠가 쓴 나의 시가 운명처럼 떠오르곤 했다.

우리가 물이 되어 만난다면
가문 어느 집에선들 좋아하지 않으랴.
우리가 키 큰 나무와 함께 서서
우르르 우르르 비 오는 소리로 흐른다면.

흐르고 흘러서 저물녘엔
저 혼자 깊어지는 강물에 누워
죽은 나무뿌리를 적시기도 한다면.
아아, 아직 처녀인
부끄러운 바다에 닿는다면.

—〈우리가 물이 되어〉 중에서

더구나 송도 건너편 영도와 정박한 배들에 불빛이 켜질 때면 정말 아름다웠다. 한밤중이면 나는 늘 유리구두를 신은 신데렐라가 되곤 했다.

그러다 나는 그 송도와 멀지 않은 다대포라는 곳으로 다시 이사하게 되었다. 다대포, 낙동강과 합수合水하는, 말하자면 강물과 바닷물이 몸을 섞는 그곳. 거기도 하단의 낙동강처럼 일몰이 아름다웠다. 학교서 오는 길에 만나는 하구언은 낙동강의 허리를 바람 속에 희게 드러나게 하곤 했고, 그 허리 위에 붉은 햇덩이가 누워 있게 하곤 했다. 붉은 햇덩이에게선 향기가 났다. 물론 지금은 그곳 모래밭에 가득 구멍을 파며 사람이 다가가면 재빨리 구멍 속으로 숨곤 하던 게도 볼 수 없어졌고, 망태 가득 조개를 들고 오던 아낙도 볼 수 없어졌다. 그 대신 한여름이면 쿵쾅거리는 밴드 소리도 요란한 '록 음악회' 같은 것이 모래밭에서 열리고, 캠핑하는 사람들이 모래밭 가득 텐트를 칠 뿐 아니라, 최근엔 거기 분수까지 생겨 일몰 때면 발 디딜 틈도 없어졌다.

게의 단잠이 은모래 허리 위에 얹혀 있다.
따스한 거품 게우며

떠나가는 파도.

—〈게-너무 짧은 사랑 이미지〉 전문

그곳만이 아니었다. 곳곳에서 출렁이던 바다가 매립되고, 강에는 모래와 자갈 채취선의 깃발이 나부꼈다. 갈대로 유명하던 을숙도도 마찬가지. '을숙도에 을숙도는 없고 을숙도라는 이름 또는 추억만 있었다'고 할는지. 낙동강도 더 이상 향기가 나지 않았다. 강물 위를 날고 있는 몇 마리 새의 날개도 안개 속에서 흐리게만 보였다.

나는 이제 산 밑에 산다. 보이지 않는 것을 사랑하기로 했다, 고나 할는지. 강물도 바닷물도 보이지 않는 곳, 그러나 보이지 않기에 파도가 더욱 아름답게 출렁이는 강물, 바다.

강은 이제 가쁜 숨을 헐떡인다. 강물과 몸을 섞으며 파도치는 바다도, 잔뜩 웅크리고 누운 섬들도 따라 숨을 헐떡인다. 언제 나의 모래를 퍼갈는지, 내가 안은 물고기며 새들이 배를 뒤집고 나의 몸 위에 소리도 없이 누워버릴는지, 불안에 떨며. 그래서 강은 오늘도 불면不眠이다. 바다도 오늘 불면이다. 우리의 삶도 오늘 불면이다

내 마음이 불편하고 내 그림자가 외로운 이유

공선옥

산을 오른다. 동네 뒷산을 오른다. 시장 갈 때나, 마실 갈 때처럼 낡은 운동화를 신고 집에서 입는 옷을 입고 천천히, 산을 오른다. 뒷짐을 지고 오른다. 할랑거리며 오른다. 오르다가 적당한 나무둥치에 등을 기대고 앉는다. 앉아서 산을 본다. 산에서 나는 소리를 듣는다. 산에만 있는 것을 내가 볼 수 있고 산에서만 나는 소리를 내가 들을 수 있는 그 순간을 나는 최대한 즐긴다. 산과의 교감, 산과의 대화다.

뒤에서 푸푸거리는 소리가 들린다. 누군가 산을 달려서 올라오고 있다. 그의 몸은 날렵하다. 튼튼한 장딴지는 구릿빛이다. 신발과 옷은 내 것과는 비교가 안 되게 '전문가'의 것 같다. 산에서 체력 단련을 해야만 하는 운동선수인지도 모른다. 그러니까 그는 일종의 생활의 필요에 의해서 산을 달려 오르고 있는지도 모른다.

그가 지나가고 아주머니 두 사람이 산 아래서의 일상에서 일어나는 일로 이야기를 나누며 내 곁을 스쳐 지나간다. 누구의 딸이 성형수술을 해서 몰라보게 이뻐졌더라, 누구의 아들이 서울대학에 합격했다더라, 다이어트를 해야 하는데 먹고 싶은 게 너무 많다……. 굳이 그곳이 아니더라도 할 수 있는 이야기에 그들은 흠뻑 빠져 있다.

그러나, 걸음걸이는 나보다 씩씩하다. 지금 우리가 오르고 있는 산은 분명 마을 뒷산이다. 그리 높지 않다. 아무리 낮아도 산은 산이라서 그런가. 아주머니들은 산에 오르기 좋은 도구들로 '중무장'을 했다. 한 아주머니는 등산용 지팡이를 두 개나 들었다. 그들의 복장에 기가 질린 나는 그만 할랑한 내 모습에 스스로 기가 죽어 슬그머니 사람들 없는 곳으로 빠져나갈 궁리를 한다.

산 중간은 평평한 오솔길에 운동기구들이 설치되어 있다. 그곳에서도 사람들은 '체력 단련'이라는 오직 한 가지 목적을 달성하기 위한 몸짓을 부지런히 하고 있다. 어느 누구도 산 위에서 맥없이 넋 놓고 생각에 잠겨 있는 사람을 보기 어렵다. 체력 단련에 부지런을 떠는 사람들을 보면서 내 머릿속에 떠오른 생각은 '대한민국 사람들 참 건강하다'였다. 너무 건강들 해서 나는 기가 질린다. 가까이 다가가 뭐라고 말을 붙일 엄두가 나지 않게 건강들 하시다. 건강하고자 하는 열망으로 눈빛이 반짝반짝들 하시다.

좋은 일이다. 결코 나쁘지 않다. 그런데도 나는 불편하다. 산 아래서의 생활이 불편해서 산을 올랐지만 그곳에서도 나는 불편하다. 도대체 무엇이 부족해서 이 불만이란 말인가.

〈물새 우는 강 언덕〉이란 옛 노래가 있다. "물새 우는 고요한 강 언덕에 그대와 둘이서 부르는 사랑 노래……." 지금 그 고요한 강 언덕이 몹시도 시끄럽다. 강 언덕에서의 사랑 노래는 잠시 스타벅스에나 가서 부르라고 한다. 사랑 노래 따위 안 불러도 좋지만 강 언덕에 기대어 살던 사람들은 어디 가서 살라는 건지 알 수 없다. 그리고 그 언덕들에 자전거 도로가 놓인다고 한다. 물을 가둔 강에 유람선도 띄운단다. 그러면 연인들의 사랑 노래는 이 강 언덕에 다시 울려 퍼지고 건강한, 대한민국 아저씨, 아줌마들은 더욱더 건강해지기 위하여 강바람을 가르며 자전거를 타려고 몰려올지도 모르겠다.

아, 참 좋은 일이다. 결코 나쁜 일이 아니다. 그런데, 그런데 무엇이 불만이란 말인가. 건강 좀 해지고 싶다는데.

고속버스를 탔다. 옆자리에 자유로 확장 공사장에서 일하는 김씨 성을 가진 아저씨가 탔다. 김씨는 재작년부터 작년까지 낙동강 제방 쌓는 일을 했다고 한다. 제방을 쌓아야 물을 가뒀을 때 둑이 터지지 않으니까, 그 공사부터 했나 보다. 지금 보를 만드는 곳에 가서 일할까, 생각 중이란다. 그러면서 하는 말이, 물은 가두면 썩어요, 물은 흘러야 안 썩어요. 그런데 왜 물 썩는 일에 참여하려느냐 하니까, 우리는 내일 일은 몰라요, 당장에 먹고살려니까 하는 거지.

저녁에 돌아오는 길에 아홉 시 뉴스에서, 토지 보상금을 노린 낙동강 주변 가짜 비닐 하우스에 돈이 얼마가 지급됐다고 한다. 내일 일은 알지 못하고 책임질 일도 없는, 당장에 먹고살려는 생각만 있는 선량한 사람들, 보상금을 노리고 하우스를 설치한 불량한 사람들 말고, 또 누가 '고요한 강 언덕'을 시끄럽게 하는 일에서 이득을 보는 사람들일까.

그러나 4대강 사업장에 가서 일할 생각을 갖고 있는 김씨는 분명히 알고 있다. 물은 가두면 썩는다는 것을. 당장에 먹고살려고 그곳에 가려 하는 김씨를 탓하지는 말자. 다만 나는 묻고 싶다. 김씨도 알고 있는 것을 4대강 좋다고 주장하는 사람들은 진정 모르는가. 모른 척하고 싶은 건가. 나중에 그곳에 유람선이 띄워지고 자전거 도로가 생겼다 치자. 그래서 신나게 강바람을 가를 건강한 대한민국 사람들에게도 나는 묻고 싶다.

우리가 꼭 그렇게까지 하면서 건강하게 살면 정말 행복한 것일까? 우리가 정말 그렇게 살아도 괜찮은 것일까? 고요한 강 언덕이 사라진 세상에서 우리가 언제까지 희희낙락할 수 있을까. 희희낙락의 시간 뒤엔 무엇이 기다리고 있을까.

아, 나는 오늘도 헐렁한 옷 어깨에 걸치고 뒷산을 오른다. 뒷산에서 운동기구에 매달린 사람보다 고요히 사색하는 사람이 그리워, 나는 건강한 사람들을 피해 저쪽 소롯한 길로 숨어든다. 내 그림자가 외롭다.

낙동강은 앓고 있다

길상호

이번 순례는 작가선언6·9가 주최하고 4대강 문제에 관심을 갖고 있는 사람들이 자연스럽게 모이면서 이루어졌다. 현재 4대강 사업을 통해 세워지는 열여섯 개의 보 중에서 여덟 개가 집중된 곳으로 환경 파괴의 우려가 어느 곳보다도 심각하다는 판단하에 낙동강이 순례 장소로 정해졌고, 안동 마애습지에서 시작해 부산 아미전망대에 이르기까지 총 300킬로미터에 달하는 순례에 함께한 인원은 약 백여 명이었다. 직업과 연령은 다 달랐지만 '강'을 지켜야 한다는 마음만은 동일했다.

첫날, 안동 일대

마애선사유적지 일대는 아직 개발의 손길이 닿지 않은 자연 그대로의 상태였다. 버드나무 군락이 그늘을 만들고 또 드넓은 습지와 모래밭이 발달되어 있는 곳, 우리는 안내자의 설명을 듣고 직접 습지를 따라 걷기로 했다. 우거진 풀숲을 헤치며 걷는 것은 도시 생활에 젖어 있는 사람들에게는 그리 만만치 않은 일이었다. 억새와 갈대의 날카로운 잎에 긁히고, 달뿌리풀의 뿌리에 발이 걸려 휘청거리기도 하면서, 또 모래밭에 푹푹 발목을 잡히면서도 걷는 사람들의 얼굴에는 그래도 미소가 더 많았다. 힘든 길이 저절로 사람들에게 서로를 잡아주고 배려할 수 있도록 만들어준 덕분이었다. 풀숲 사이로 고개를 내민 나리꽃과 패랭이, 달맞이꽃도 지친 걸음에 힘을 더하는 데 큰 몫을 하고 있었다.

마애습지를 빠져나온 우리는 이제 다음 장소인 부용대로 이동했다. 10분쯤 산길을 걸어 부용대에 올라서니 얼마 전 유네스코가 세계문화유산으로 지정한 하회마을이 한눈에 내려다보였다. 선조들의 삶이 살아 숨 쉬는 기와집과 초가집, 울창한 만송정 솔숲, 강변의 드넓은 모래밭, 마을을 휘감아 도는 강줄기가 어우러진 마을. 한때 하회보 설치 계획에 의해 이 아름다운 환경도 모두 훼손될 위기에 처했던 적이 있었다고 생각하니 절벽 끝에 서 있는 것만큼 아찔했다. 하지만 전문가들은 하회마을의 자연 파괴 위협이 아직 다 가시지 않은 상태라고 말한다. 그것은 하류 지역의 구담보 설치와 관련이 있는데, 보 설치로 수위가 상승하면 드넓은 모래밭은 모두 물 아래로 가라앉을 것이라는 주장이다.

우리는 나룻배로 강을 건너 다음 목적지인 병산서원 쪽으로 걸음을 옮겼다. 4킬로미터가량의 산길을 도보로 이동했는데, 병산서원 앞에 도착한 일행은 모두 서원 앞에 펼쳐진 모래밭의 규모에 또 한번 함성을 질렀다. 안내자는 낙동강 상류에는 사암으로 이루어진 지역이 많아 모래의 양이 그만큼 많을 수밖에 없다고 설명해주었다. 그런데 이미 서원 뒤쪽의 병산습지는 다 파헤쳐진 상태이며, 이곳의 명물인 모래밭도 조만간 사라질 것이란다. 숙소로 이동하는 버스 안에서 내려다본 구담보 공사 현장은 앞에서 본 아름다운 풍경과 겹치면서 자꾸만 절망적인 생각들을 낳게 했다.

둘째 날, 상주 일대

둘째 날의 일정은 상주 일대를 돌며 이루어졌다. 이곳에서는 지율 스님께서 나와 안내를 해주셨다. 처음 발을 내디딘 곳은 내성천이었는데, 금천과 함께 삼강에서 낙동강에 합류되는 지천으로, 스님은 낙동강의 아름다운 물길을 걷는 경험을 우선 보여주고 싶다고 하셨다. 물은 깊어야 무릎 아래로 걷기에 적당했다. 찰방거리는 발길을 따라 송사리 떼가 흩어지고 발바닥에 닿는 모래의 촉감이 참 부드러운 물길, 전날까지 머물던 구름이 다 걷힌 뒤라 태양은 뜨거웠지만 일행은 더운 기색이 없었다. 하지만 스님의 얼굴은 결코 밝을 수만은 없었다. 이렇게 아름다운 공간이 이제

다 사라질 것이라는 이야기를 하면서 스님의 얼굴은 점점 어두워졌다. 한 시간쯤 물을 따라 걷다가 풀숲을 헤치고 제방 쪽으로 나오는데 뭔가 덩치 큰 놈이 후다닥 달아난다. 고라니였다. 이제 저 맑은 눈을 가진 생명도 자유롭게 물길을 찾지 못할 것을 생각하니 마음이 답답해졌다.

다음 목적지로 이동하는 버스 창밖으로는 모래 더미가 수북한 논들이 이어졌다. 강을 중심으로 수킬로미터에 달하는 양쪽 논들이 모래 적재 용도로 사용된다고 하는데, 대기 중인 논에는 망초만이 자라나고 있었다. 3년이 지난 뒤 농민들에게 반환한다는 토지는 그때가 되면 논으로서의 역할을 할 수 없게 된다고 한다. 쌓아올린 모래 위에 농토를 다시 쌓아도 몇 번 갈아엎으면 물을 담을 수 없는 흙이 되기 때문이다. 그럼에도 불구하고 농민들이 땅을 내놓는 것은 3년치의 보상금에 대한 유혹 때문이라고 한다. 농사를 짓는 사람들의 대부분이 빚을 짊어지고 있는 상황에서 보상금은 아주 매력적인 미끼인 것이다. 또한 일부 지역에서는 이후 개발에 따라 오를 땅값을 거론하며 농민들을 설득시키고 있다고 한다.

상주보 공사 현장으로 가는 산길에서 한창 공사가 진행 중인 강의 모습을 내려다보며 모두 말을 잃었다. 드넓은 모래밭과 습지가 떼로 몰려 있는 포클레인의 삽날에 갈아엎어지고 있었다. 강물은 이미 황토색으로 변해 흐른 지 오래되었다 하니 저 속에서 어떤 물고기가 생명을 유지할 수 있을까 걱정이었다. 또한 상주보 기둥에는 조절 수위를 표시해두었는데, 그것을 맞추려면 주변 지역보다 물이 높아질 판이었다. 홍수를 대비하기 위한 공사라는 말을 도저히 이해할 수 없는 상황이었다.

오후 3시쯤 버스가 닿은 곳은 낙동강 1300리 중 가장 아름다운 경치로 꼽히는 경천대였다. 기암괴석의 절벽과 소나무 숲, 모래밭과 강줄기가 어우러진 경천대의 모습을 보는 것만으로도 마음이 확 트였다. 이곳에서 우리는 4대강 사업 반대를 위해 소신공양하신 문수 스님을 기리는 백팔 배 행사를 가졌다. 이것은 또 파괴되어가는 강에 대한 인간의 이기심을 사죄하는 일이기도 했다. 사람들은 저마다의 마음을 모아 강물 쪽으로 허리를 굽혔다. 모래밭을 달군 이 뜨거운 마음들이 강물에 전달이 된 듯 강물은 노을로 반짝이고 있었다.

셋째 날, 구미·대구 일대

하류 쪽으로 내려올수록 강은 더 많은 상처를 입고 있었다. 그중에서도 구미보 하류 지역의 공사 현장은 그야말로 삭막함 그 자체였다. 오탁방지막은 있으나 마나 한 상태, 포클레인에 의한 직접 준설은 불법임에도 불구하고 어디서나 흔히 볼 수 있는 장면이었다. 쉴 새 없이 모래를 퍼 나르는 화물차들은 또 어느 곳에 저 많은 모래들을 쌓아놓고 있을지.

한참을 걷고 있는데, 공사 관계자 한 분이 따라와 사진을 찍던 나에게 말을 걸어왔다.

"저 위쪽에 버드나무 군락 보이지요? 우리는 저렇게 오랫동안 자라고 있는 나무는 보호하면서 잡풀들은 깔끔하게 걷어내고 있답니다."

습지의 풀들에 대해 '잡풀'이라는 단어로 요약을 하는 그 앞에서 얼굴이 어두워진 나에게 더 이상 이야기를 해도 소용이 없겠다고 판단을 한 것인지 그는 서둘러 그 자리를 피했다. 그리고 얼마 안 가 우리는 차광막에 가려진 채 쌓여 있는 나뭇더미와 만났다. 거기에는 분명 임목 폐기물이라는 팻말과 함께 뿌리가 뽑힌 수많은 나무들이 쌓여 있었다. '나무'와 '잡풀' 사이에서 한차례 힘이 빠졌던 나는 말라가는 나뭇더미 앞에서 맥이 풀리고 말았다.

강정보와 달성보를 거치는 순례 일정에서도 답답한 마음은 풀리지 않았다. 누군가는 이제 공사 현장은 그만 돌자는 의견도 내놓았다. 계속 파헤쳐진 모습만 보면 그 모습에 익숙해질 것 같다는 것이었다.

넷째 날, 밀양 일대

사흘간 땡볕과 함께 걸었던 사람들은 시커멓게 탄 얼굴만큼이나 깊은 한숨을 지니게 되었다. 그것을 눈치라도 챘는지 안내자는 오늘 걸을 우포늪과 개비리길에 대한 이야기부터 꺼냈다. 우포늪은 70만 평에 이르는 국내 최대의 자연 습지로 가시연꽃 등 원시자연이 잘 보존된 곳이고, 개비리길은 영아지에서 용산 마을에 이르는 산길로 이제까지 걸었던 곳과는 반대의 면모를 지녔다는 것이다. 개비리길은 개울, 벼랑, 길이 합쳐진 말로, 개울의 벼랑을 따라 이어진 산길을 이른다는 설명도 꼼꼼히 해주었다.

우포늪은 언뜻 보면 드넓은 호수를 연상할 정도로 그 규모가 컸다. 시기를 맞추지 못해 사진 속에서 보던 늪지의 안개도, 가시연꽃도 볼 수 없었지만, 다양한 생물들이 함께하는 공간을 걷는 것만으로도 풍성해지는 느낌이었다. 그리고 다음으로 찾은 개비리길은 그 이름처럼 인공이 전혀 느껴지지 않는 길이었다. 마삭줄기가 바위를 덮고 으름덩굴이 나무마다 드리워진 숲길은 바람이 불지 않아도 시원할 정도였다. 빨갛게 익은 산앵두와 멍석딸기는 입에 넣기도 전에 침이 고이게 했다. 이런 길이라면 하루 종일 걸어도 발이 아프지 않을 것 같았다.

개비리길에서 나와 잠시 들른 함안보 공사 현장에서는 "활짝 웃어라! 대한민국 강江들아"라는 문구가 우리를 맞아주었다. 바닥은 다 파헤쳐놓고, 거기 사는 생명들은 다 내쫓으면서 어떻게 웃으라는 것인지. 진정 강을 웃게 하려면 포클레인을 끌어들여 개발할 것이 아니라, 우포늪이나 개비리길처럼 자연이 숨 쉴 수 있도록 보호해야 하지 않을까 하는 생각이 절실했다.

마지막 날, 부산 일대

마지막 순례 일정은 부산 사상구에 위치한 삼락강변공원을 둘러보는 일로 시작했다. 공원이라는 단어 때문에 인위적인 조형물로 가득한 공간을 떠올렸는데, 의외로 자연환경이 잘 보존된 곳이었다. 특히 멸종 위기 종인 맹꽁이의 최대 서식지로 생태학적 가치가 높은 지역이기도 했다. 안내자는 4대강 사업으로부터 이곳을 지키는 가장 힘 있는 존재가 바로 맹꽁이라는 말도 전해주었다. 하지만 부산시에서는 이곳에 3공구 준설토 침사지, 야적장을 계획하고 있어 우려가 된다.

그리고 이런 계획은 맹꽁이뿐 아니라 공원 외각에서 주말농장을 운영하는 농민들에게도 커다란 위협이다. 이들은 이곳에서 농사를 짓고 땅을 반납하기로 부산시와 협약이 되어 있다고 한다. 그렇게 어려운 협약을 이끌어내고 그곳에서 겨우 유기 농산물을 생산하기 시작했는데, 부산시가 다시 말을 바꾸니 삼락 농민들은 허탈할 뿐이라고 했다. 농민회 회장님의 말이 이어지는 내내 담배를 내려놓지 못하던 늙은 농부의 눈빛이 너무나 아련하게 느껴졌다.

우리의 여정은 아미전망대에서 정리되었다. 그곳에서 바라본 낙동강 하구와 을숙도의 모습은 아직 평화로워보였다. 그러나 바다가 언제까지 낙동강의 상처를 묵묵히 받아낼 수 있을지. 순례를 통해 가장 절실하게 전해 들었던 한마디를 전하며 글을 마칠까 한다. 4대강 사업은 99퍼센트의 공사가 진행되었어도 멈추는 것이 자연에게나 사람에게나 이익이라는 말이다.

개 건너 롸이터가 간다

김금희

삼십 년 동안 한동네에 산다는 건 흔한 일은 아니다. 전 세계 도시를 넘나들며 자유롭게 주거지를 선택하는 신新 노마드족이 늘고 있다는데, 아장아장 걸을 때부터 지금까지 한동네라니! 솔직히 좀 지루하고 따분하다. 물론 내가 살고 있는 곳은 도시라, 짓고 부수는 게 일상이지만 그것도 도심지에나 해당하는 일이다. 도시 변두리는 시골만큼이나 느릿느릿 변한다. 여기다 도심지 삶—전철, 백화점, 영화관 등—에 대한 동경까지 더해지면 그 지루함과 따분함은 상대적 박탈감으로 이어진다. 물론 동네가 예전 풍경 그대로인 것은 아니다. 닭집이 자장면집으로 옷가게로 김밥집으로 죽집으로 휴대전화 가게로, 저곳은 터가 안 좋은가 싶게 수시로 간판을 갈아 치운다. 골목에는 심심치 않게 외제차도 돌아다니고 비행접시처럼 생긴 안테나를 단 집들도 늘었다.

척 보면 다 알 것 같은 우리 동네, 인천 서구가 오래전 '개 건너'라고 불렸다는 건 얼마 전에야 알았다. 지금은 동네 어디에도 그 흔한 도랑 하나 없는 터라 의아했다. '건너'라는 단어도 흘려들을 수 없었는데 거기에 변두리, 외곽, 낙후라는 뜻이 들어 있음을 단박에 눈치챘기 때문이다. 그래서 그 말을 해준 사람에게 왜냐고 묻는 대신 화제를 돌려버렸다. 항구를 끼고 있는 우리 동네에는 공장이 많은데, 특히 가구 공장 단지가 가까이 있다. 밑동 잘린 나무들이 피라미드처럼 쌓여 있거나 엉성하게 포장된 합판들이 화물차에 실려 어디론가 떠나는 건 흔한 풍경이다.

논밭과 야산이던 이 동네에 집들이 하나둘 는 건 산업화 시기였다. 일자리를 찾아 타지에서 올라온 노동자들이 공장과 가까운, 그래서 집값도 싼, 이곳에 자리 잡았다. 목재 공장에 다녔던 우리 아버지도 그렇게 해서 흘러왔다. 동네에는 비슷한 직종에 종사하는 집들이 많았다. 내 친구들 대부분이 그 아들딸들이었다. 사택에 사는 정유 공장네 애들은 우리와 별로 친하지 않았다. 사택 수영장으로 놀러가는 게 소원이었던 우리로서는 애석한 일이었다.

우리 동네가 개 건너였다는 사실을 알았을 무렵, 나는 소설 한 편을 완성 못해 괴로워하고 있었다. 멋들어지고 모던하며 충격적인데다가 아름답기까지 한 소설을 쓰고 싶었는데 너무나 당연하게도 힘에 부쳤다. 마감을 앞두고 있었지만 누가 부르면 얼른 달려나갔고, 인터넷 포털 사이트에 오르는 시시콜콜한 기사들을 모두 정독했다. 그럴 땐 꼭 사소한 것들이 내 인생에서 엄청나게 중요한 듯 느껴진다. 우리 동네에 있었다는 그 '개'가 궁금해진 건 그런 맥락이었을 것이다.

찾아보니 그건 바닷물이 들어오고 나가던 갯골을 가리키는 거였다. 인천교라는 다리가 놓이기 전에는 나룻배가 사람들을 실어 날랐을 만큼 폭이 넓고 깊었다고 했다. 천변에는 김포 사람들이 찾아올 만큼 큰 시장이 열렸다. 김포 사람들은 직접 재배한 채소를 팔고 인천 사람들은 공장에서 만든 생필품이나 해산물을 내놨다. 바닷물이 빠져나간 갯벌은 아이들 차지였다. 갯지렁이, 고둥, 조개, 바닷게, 지천이 놀 거리였다. 밀물이면 망둥이를 낚으려는 사람들이 때맞춰 나타났다. 그 갯골 건너 북쪽이 우리 동네, 남쪽이 도심지였다. 도시 중심부에서 벗어난, 갯골 저편 동네여서 '개건너'라 불렸던 거였다. 그러다 1980년대 중반, 엄청난 규모의 매립 공사로 갯골은 메워졌다. 나중에는 흔적이나마 남아 있던 인천교까지 사라졌으니 내가 갯골을 기억 못하는 건 당연하다 싶었다. 그렇게 생각하면 삼십 년 터줏대감으로서 면목이 섰다.

이쯤 해서 그만두려던 추적을 이어간 건 아버지 때문이었다. 아버지도 갯골을 기억하고 있었다. 만조가 되면 화물선이 들어와 원목들을 부려놓았다는 거였다. 배는 원목을 뗏목으로 엮어 끌고 왔는데, 그 광경은—적어도 아버지에게는—장관이었다고 했다. 화물선의 힘찬 엔진 소리도 그렇지만 뗏목 사이로 놀란 숭어들이 팔딱팔딱 뛰어오르는 광경도 선착장에 활기를 불어넣었다.

갯골로 시작한 우리 대화는 원목 종류에서 합판 생산 과정, 가구 재고품의 처리 과정까지 이어졌다. 그 얘기 소설로 한번 써볼까, 내가 불쑥 말하자 아버지는 더 의욕적이었다. 나중에 집으로 돌아가려는데 아버지가 광고지 한 장을 내밀었다. 광고지 이면에는 우리가 대화한 내용이 잘 정리되어 있었다. 소설로 써볼까 했던 말을 이미 잊고 있었던—왜냐면 앞에서 말했듯 나는 멋들어지고 모던하며 충격적인데다가 아름답기까지 한 소설을 쓰고 싶었으므로—나는 아버지의 수고 때문에라도 정말 한번 써야 하나, 진지하게 생각했다.

아버지가 그렇듯 목재에 대해 장시간 말한 건 오랜만이었을 거였다. 평생을 목재와 함께 보냈지만 그만둘 때는 누구의 살가운 배웅도 없었음을, 나는 알고 있었다. 책상으로 돌아와, 작업복을 칼처럼 다려 입은 아버지가 선착장에 서 있는 장면을 상상했다. 계산해보니 얼추 지금의 내 나이였다. 공장 사람들이 뜰채며 양동이를 가지고 숭어를 잡겠다고 나서는 동안 아버지는 지켜만 봤을 거였다. 그 통에 작업이 늦어지지는 않을까 노심초사했을 테고 술자리에서도 간단히 입만 대고 잔업을 하러 갔겠지. 적어도 내가 아는 아버지는 그랬다.

그러자 기억 저편에서 아주 흐릿한, 하지만 분명 동네 어딘가를 흘렀던 물길이 생각났다. 폭이 꽤 되는 도랑이었는데, 그걸 내려다보며 내가 쪼그리고 앉아 있었다. 그리고 그 뒤를 애들이 병풍처럼 둘러섰다. 그건 뭐 어렸을 때 누구나 한번쯤 저질렀을 못된 짓 가운데 하나였다. 피아노 학원을 안 보내주는 엄마에 대한 내 나름의 복수였다고 할까?

그때 엄마는 근처 피아노 공장에서 일거리를 받아다 부업을 했다. 맑은 소리, 고운 소리, 이런 시엠송으로 유명했던 공장인데, 아직도 우리 동네에 있다. 엄마는 나무토막에 붉은 펠트를 붙여 몇 개의 조각으로 잘라냈다. 그렇게 만든 조각들은 피아노의 나무 해머를 구성하는 부속품이었다. 피아노 건반을 누르면 이 나무 해머가 현을 두들겨 소리가 난다. 수십 개의 나무 해머들이 사실상 피아노의 핵심인 셈인데, 외장판을 열지 않으면 그 움직임을 볼 수 없다. 엄마는 피아노 공장에서 제공한 작은 책상에 앉아 삭 삭 삭 삭, 칼질을 했다. 부업이 손에 익을수록 소리는 점점 빨라졌다. 그러면 아파트 입주라는 엄마의 원대한 꿈도 가까워지는 거였다.

그날도 아마 피아노 학원에 보내 달라고 한바탕 떼를 쓴 뒤였을 거다. 엄마는 들은 체도 하지 않았고 집이 비어 있는 사이, 나는 가능한 한 많은 나뭇조각들을 집어 들고 길을 나섰다. 그렇게 해서 누군가에게 상처를 주겠다는, 그 맹렬한 적의가 예닐곱 계집애의 어디에서 나왔는지 모르겠다. "정말? 너 정말 그거 버릴 거야?" 누군가 물었고, 시큰한 물내 때문인지 긴장해서인지 속이 메스꺼웠다. 마침내 나는 나뭇조각들을 도랑으로 던졌다. 애들이 와, 하고 소리치면서 서로 해보겠다 나섰지만 어림없었다. 다시 나뭇조각 한 움큼이 도랑으로 떨어졌다. 여전히 몸은 긴장한 채였지만 그것이 손에서 사라지는 순간, 비릿한 슬픔 같은 것이 빠져나갔다. 가질 수는 없지만 적어도 버릴 수 있는 자유가 어린 내게는 주어졌던 것이다.

그 다음날, 아버지에게 우리 동네에도 도랑이 있었냐고 물었다. 아마도 엄마가 더 잘 기억하겠지만—엄마는 나를 찾아냈고 도랑으로 첨벙첨벙 들어가 나뭇조각들을 주워왔다—그 일을 끄집어내면 아마도 내가 무척 불리해질 테니까. 자세히 기억나지 않아도 엄마는 꽤 난처한 입장이었을 것이다. 며칠 밤의 수고가 날아갔을 것은 빤하고 재료 값을 물어내느라 아슬아슬한 칼질의 속도를 좀 더 높였을지도 모른다. 아버지는 그 도랑이 하수구나 마찬가지였다고 했다. "하수구?" 나는 실망했다. 아버지에 따르면 그 도랑은 온갖 동네 쓰레기들을 가지고 피아노 공장을 지나 갯골까지 흘렀다. "근데 그런 건 쓰지 마라." "왜?" "뭐 좋은 일이라고."

도랑이 어디쯤이었더라? 모처럼 동네를 한 바퀴 돌아봤지만 기억나지 않았다. 운전을 해서 멀리까지 나가봤다. 피아노 공장을 지나 매립지에 들어선 공단까지. '수문통 거리', '인천교 입구', '모래방죽 사거리' 같은 도로명에 갯골의 흔적이 남아 있었다. 내 손을 빠져나간 나뭇조각들이 여기까지 흘러왔으리라 생각하니 기분이 이상했다. 버려진 곰 인형과 다 젖은 종이배를 타고. 원목의 살비늘 같은 나무껍질과 개 건너 사람들의 하루와 그 아이들의 내일과 함께 여기로. 그 가운데는 썰물을 따라 바다로 빠져나간 것들과 그러지 못하고 갯벌에 완전히 처박혀버린 것들이 있을 거였다. 그리고 그 위를 아주 단단한 토사와 아스팔트가 덮었다. 그것이 아버지 말처럼 좋은 일인지 아닌지, 어쩐지 나는 확신할 수 없었다.

도로가에는 '침수 해소 공사'라는 푯말이 아주 의심스러운 것을 대하듯 한편으로 기울어져 있었다. 그러고 보니 매립지 주변은 내 기억으로만 십 년 넘게 공사 중이었다. 비만 오면 차창까지 물이 튀어올라 그 지역 배수가 엉망이라는 것쯤은 알 수 있었다. 선거철이면 잠깐 철수하지만 어느 틈엔가 슬그머니 굴착기가 돌아오고 다시 도로는 일차선만 열렸다. 그리고 아주 위험한 것을 경고하듯 붉은 조명등이 여러 개 걸렸다. 더 많은 돈을 쏟아붓더라도 왠지 이 길들은 영영 젖어 있을 것 같다는 생각이 들었다. 제대로 덮지 못해서가 아니라, 그것으로도 어떻게 할 수 없는 어떤 기억들이 저 밑바닥에서부터 차오르고 있기 때문에.

무사히 마감 날짜를 지켰지만 그 소설은 어쩐지 부끄러운 작품이 됐다. 사람들이 그 소설에 대해 말할 때마다—혹평이든 호평이든—투명인간이 되어 그 자리에서 사라지고 싶은 기분에 휩싸였다. 소설가라면 능수능란하게 다루어야 할 '픽션'이라는 공을 그 소설을 쓰는 동안 나는 번번이 놓쳤다. 하지만 이야기는 멈추지 않고 쏟아져나왔고, 적어도 내가 개 건너 '롸이터writer'라는 사실은 덤덤히 받아들이게 됐다.

지금 우리 동네에는 다시 거대한 물길을 내는 공사가 진행 중이다. 서해에서 김포를 지나 한강까지 배를 타고 한달음에 달려갈 수 있는 길이다. 이제 그 물길에는 누구의 어떤 욕망들이 갈 곳 없이 떠다닐까. 굴착기들은 무엇을 덮고 무엇을 퍼낼까. 어느 밤, 나는 동네를 걷다가 아무도 없음을 확인하고는 아스팔트에 귀를 가져다댔다. 아주 짧은 순간, 저 아래에서 무슨 소리가 들리는 것 같았다. 나뭇조각들이 도랑으로 떨어지는 것 같은, 아이들이 물장구를 치는 것 같은, 화물선이 길게 기적을 울리는 것 같은. 하지만 그건 아주 잠시였고, 나는 얼른 일어나 무릎을 탈탈 털었다.

반딧불

김도연

산 아래 비탈 밭에서 보라색 감자 꽃이 피어나는 여름입니다. 도랑을 따라 핀 찔레꽃은 마치 흰 무덤을 보는 것 같아 마음속이 다 울렁거리곤 하지요. 그 밑에 엎드려 자라는 산딸기는 비록 가시가 있지만 소박하게 익어가고 있네요. 돌배나무 그늘에 앉아 땀을 식히며 이 모든 풍경들을 바라보지만 사실 제 마음은 어서 빨리 밤이 오기만을 기다리고 있을 뿐입니다. 밤이 되어야만 푹푹 찌는 듯한 지열이 올라오는 밭을 떠나 낚싯대를 둘러매고 강으로 갈 수 있기 때문이지요.

여름밤은 오대천에서 수염이 긴 메기와 만나 즐거운 대화를 나누는 밤입니다. 낮에는 커다란 바위 밑에 숨어 있다가 어두워지면 슬금슬금 기어 나오는 크고 작은 메기들. 그 녀석들을 만날 거란 생각만으로도 더위는 아무것도 아닌 것이 되는 법이지요. 아, 물론 메기란 녀석들이 쉽게 나를 만나주지는 않지요. 낮 동안 달구어진 물 옆 너럭바위에 앉아 굵고 큼직한 지렁이를 계속 넣어주어야만 의심을 풀고 수염을 내밀곤 합니다. 한번은 술에 취해 그 일에 몰두하다가 도리어 제가 깊은 물속으로 거꾸로 들어간 적도 있었지요. 덕분에 물속에서 메기들의 조롱을 한참이나 들었지요.

수염이 멋진 메기가 끝내 모습을 드러내지 않으면 자리를 옮겨 키 작은 할미꽃이 벼랑에서 자라는 동강을 찾아갑니다. 운이 좋으면 등 자락에 까만 점이 알알이 박혀 있는 송어를 만날 수 있기 때문입니다. 인근 송어 양식장에서 가출한 녀석들이 밤마다 떼 지어 돌아다닌다는 소문을 들었던 탓이지요. 가출하여 힘든 삶을 살았으므로 당연히 녀석들의 성격도 만만치 않습니다. 하지만 달빛 은은한 밤 수면을 박차고 뛰어오르는 송어의 모습을 보는 것만도 크나큰 행운이지요. 그 장면은 사라지지 않고 꿈속까지 따라올 정도니까요. 뭐, 그래도 영영 모습을 보여주지 않으면 지갑을 털어 송어 양식장으로 달려가 문을 두드리는 수밖에 없습니다. 집에 빈손으로 돌아갈 순 없잖아요.

물고기들이 도통 대화를 걸어오지 않으면 낚싯대를 접고 물소리를 들으며 별들이 반짝이는 하늘과 어두운 산과 더 어두운 나를 가만히 들여다봅니다. 밤새가 울고 멀리서 자동차 불빛이 다가왔다가 이내 사라지곤 합니다. 아주 옛날에 헤어졌던 애인의 이름도 가만히 불러봅니다. 캄캄한 물에 발을 담그고 있으면, 그때 왜 좀 더 따뜻한 위로의 말을 하지 못했던가, 비로소 후회에 잠기기도 하지요. 그때 왜 그렇게 옹졸하게 굴었던가를 떠올리면 어둠 속에서도 얼굴이 화끈 달아올라 어쩔 줄 몰라 합니다. 한숨소리에 물소리마저 지워지는 밤인 것이지요. 능선을 넘어온 달이 어느덧 한숨소리를 지워주는 물가의 여름밤인 것이지요.

어느 날은 대관령을 넘어 은어를 만나러 삼척 오십천으로 갑니다. 사실 은어라는 이름에 홀려 매년 여름이면 오십천을 찾지만 매번 허탕을 치다가 돌아옵니다. 물속에서 반짝이는 손가락만 한 은어의 비늘만 보는 게 전부지요. 하지만 은어 떼를 만나면 마음만은 언제나 환해지곤 합니다. 환해진 마음만 가지고도 무더운 여름을 시원하게 건너갈 수 있지요. 물속에 손을 담그면 은어 떼가 풀어놓고 간 수박 냄새가 온몸으로 전해지는 걸 느낄 수 있으니까요.

여기까지 얘기하고 보니 제가 마치 화려한 족보를 가진 물고기만 만나러 다니는 줄 오해할지도 모르겠네요. 그렇지 않습니다. 돌다리를 건너다 미끄러져 무릎을 까기 일쑤고 휴대폰을 물에 빠뜨려 좋아하는 사람의 전화번호를 잃어버린 적도 두 번이나 됩니다. 그것뿐인가요. 신발 한 짝이 물에 떠내려가 절뚝거리며 집으로 돌아온 적도 있는 걸요. 그 와중에 미꾸라지, 꺽지, 동자개, 피라미, 버들치, 송사리, 퉁가리…… 등등의 물고기들과 아웅다웅 씨름을 하며 여름을 건너가곤 하지요. 다 여름날 물에서 만날 수 있는 내 절친한 친구들 이름입니다. 물을 건너가고 건너오며 살았던 지난 시간 속의 아름다운 풍경들인 것이지요.

몇 해 전 여름 제가 살고 있는 마을을 휩쓸고 간 수마에 많은 것들이 황폐화되었지요. 그래도 다시 이 골 저 골에서 흘러나오는 맑은 물을 보면, 그 물에서 지느러미를 저으며 놀고 있는 물고기를 만나면 언제나 힘은 다시 솟지요. 그동안 우리 인간들은 자연에게 너무나도 오만하게 굴었던 게 사실이잖아요. 물을 막고 물길을 바꾸고 아무렇지 않게 물을 더럽히고……. 무더운 여름날 신나게 물놀이를 하곤 집으로 돌아와 마치 기억상실증에라도 걸린 듯 물을 잊어버리곤 했으니까요. 그 물이 더 이상 참을 수 없다는 어떤 작은 신호를 보냈던 게 그 여름의 수마였다는 생각을 했었지요. 물 앞에서 겸손해 할 줄 몰랐던 것이지요. 물 없이도 충분히 잘살 수 있다고 오기를 부렸던 것이지요. 물이야 땅만 파면 솟는다고 허세를 부린 탓이지요.

생각해보세요. 퉁가리, 어름치, 송사리, 메기, 버들치, 열목어, 피라미, 산천어, 동자개, 다슬기…… 들이 사라진 물을. 연어, 은어가 더 이상 회귀하지 않는 물을. 기름과 농약이 흘러가는 물을. 물이 바위와 여울을 만나 몸을 뒤채며 멀리멀리 흘러가서 가까스로 제 몸의 상처를 치유하고 있을 때 거기에 우리는 무엇을 또다시 흘려보냈던가요. 연인에게 보내는 편지가 들어 있는 유리병을? 나뭇잎 배를? 소화되지 않은 제 마음의 욕심들을 토해버렸던 날들이 새삼 부끄러워지는 여름이네요.

농사일이 끝나고 밤이 오면 낚싯대를 들고 강으로 나갑니다. 어두워지는 수면 위로 물고기들이 뛰어오릅니다. 그 잔잔한 파문을 오래 들여다봅니다. 하늘과 산도 점점 검어지고 있습니다. 냄새가 좋은 지렁이를 바늘에 매달아 물속으로 들여보냅니다. 여름밤의 대화가 시작된 것이지요. 어린 물고기가 올라오면 짐짓 점잖은 목소리로 타일러서 돌려보내지요. 밤벌레들이 웁니다. 내 모습도 지워지고 있지요. 달이 뜨려면 조금 더 기다려야 합니다. 달이 뜨기 직전의 어둠은 그야말로 칠흑입니다. 멋진 수염을 가진 메기는 좀처럼 나타나지 않네요. 지루함을 견디지 못하고 아, 하고 하품을 하고 입을 닫을 때 무엇인가가 내 입에 걸렸다는 것을 알아차립니다. 어떤 낚싯바늘입니다. 입을 벌린 채 캄캄한 하늘을 보며 고개를 끄떡거립니다. 저 위에서 누군가 나를 낚은 것이지요. 하늘이 돌고 산이 돌고 물이 돌고 있네요. 그 끄떡거림에 답례라도 하듯 물 옆 풀숲에서 하나둘 반딧불이 떠오릅니다. 보름달이라도 뜬 듯 여름밤의 계곡이 온통 환해집니다.

내 유년의 강에서 사라졌다가 돌아온 반딧불인 것이지요.

강의 내력

김선재

한 처음에, 차고 뜨겁고 어두운 것이 있었다.
(한 처음에, 그 전부터, 말씀이 있었다. …… 그 말씀이 곧 참빛이었다.)
그 빛이 보이지 않았다.

— 마종기, 〈차고 뜨겁고 어두운 것〉 중에서

나는 강으로부터 먼 도시에서 태어났다. 물론 그 도시가 지리적으로 수량이 풍부한 큰 강을 끼고 발달했다는 사실을 알기는 했지만, 그럼에도 여전히 강은 언제나 멀었다. 나에게 강은 언제나 어딘가에 있었으므로 앞으로도 영원히 어딘지 모를 거기에 존재하는 것이었다. 강가의 아이들이 모두 물가에 젖은 옷을 널어놓고 송사리나 다슬기를 잡았던 건 아니다. 도시 개발이 한창 진행 중인 근대의 어느 지점에서 태어난 도시 아이들에게 강물에 발을 담그거나 멱을 감던 어린 시절의 추억이 있을 리 없었다. 내가 보았던 강은 도시의 오물을 받아내며 썩어가던 강이었고, 어느 사이에 아스팔트가 깔리고 비싼 라면이나 싸구려 김밥 따위를 팔던 매점에 점령당한 강으로 기억될 뿐이었다. 그러나 그곳이 오수로 가득하거나 먹다 버린 라면 국물이 흥건한 유흥 지대가 되었거나 나에게는 별 상관없었다. 강은 그저 언제나 거기에 있는 것이었으니까. 계절에 따라 얼음이 되었다가 수량이 줄거나 늘겠지만 설마 흐르던 강이 하루아침에 사라질 리는 없었으니까. 말하자면 나에게 강은 어떤 정서적 환기도 할 수 없는 공간이었다.

불과 얼마 전까지는 그랬다.

이건 우리 가문의 내력이야.

일흔의 할머니는 자신의 발가락 모양에 대해 묻는 나에게 그렇게 말했다. 할머니의 왼발 세 번째 발가락과 네 번째 발가락은 언뜻 보기에는 붙어 있는 것처럼 보였고, 자세히 들여다보면 발가락 사이에 물갈퀴 모양의 막이 있었다. 함께 지냈던 건 아니지만 내가 할머니의 발을 본 건 그때가 처음이었다. 평생 지니고 살았을 그 기형에 대해 묻기에는 늦은 감이 없지 않았지만, 그냥 못 본 척 넘기기에 할머니의 왼발은 이상했다. 나는 궁금증을 참지 못하고 할머니에게 물었고, 할머니는 새삼스럽다는 듯 자신의 왼발을 들여다보았다. 그리고 당신 가문의 내력과 몇 대를 건너 한 번씩 그 표시를 몸에 지니고 태어나는 아이들에 대해 입을 열었다. 강물 위에 집을 지은 당신의 가문에서 구전되어 내려오는 이야기라고 했다.

할머니의 말에 따르면 자신의 발가락 사이의 물갈퀴는 손꼽을 수도 없는 옛날 옛적, 강물 위에 집을 짓게 허락해준 가신家神이 그 증거로 추秋 가에게 준 표식이었다. 요즘 시대의 언어로 말하자면 집을 지키는 신이 인간에게 전자 칩을 심어줬다는 얘기였다. 사춘

기의 손주를 앉혀놓고 옛날이야기를 하듯 기억을 더듬으며 말을 잇는 할머니가 여느 때보다 살가웠다. 그 뒤로 한동안 나는 밤마다 추씨 일가의 삽화에 대한 꿈을 꿨다. 긴 머리카락을 흔들며 물속에서 걸어나와 햇볕에 몸을 말리는 내 손가락 사이, 발가락 사이의 얇은 막을 한참 들여다보는 꿈이었다. 기억에 없는 물속의 동네를 만들어놓고 향수에 젖기도 했다. 외가의 그 내력은 나를 환상과 현실을 오고가는 꿈을 꾸게 했던 거였다.

그러나 물론 그 말을 곧이곧대로 믿었던 건 아니었다. 조금 더 자란 즈음에는 그 얘기가 이제 이곳에 없는 사람들이 만들어낸 전설 같은 거였다고 생각했다. 육지에서 사는 사람이 어느 한때 물에서 살았다니. 그것도 모자라서 가신家神의 도움으로 그 흔적을 대대로 몸에 새기고 태어났다니. 터무니없는 얘기였다. 그때 나는 분명 몇 대를 걸러 한 번씩 나타난다는 외가의 그 내력에 대해 의심하고 불안했다. 전설이나 내력을 떠나 실제로 할머니는 아홉 발가락으로 평생을 지냈다. 그건 분명히 유전적 요인이 작용할 확률이 컸다. 고백하자면 나는 한때 내 발가락과 동생들의 발가락을 세어보고 안심했다가 다시 의심하고 발가락 사이를 더듬어봤었다. 분명 나에게는 발가락이 모자라거나 넘치지 않는지, 혹은 발가락 사이에 물갈퀴 모양의 막이 생기지는 않았는지, 심지어 팔다리를 더듬어 비늘이 생기지는 않았는지 의심하며 지내던 시절이 있었다.

평생을 아홉 개의 발가락으로 지냈던 할머니는 아홉 개의 발가락으로 돌아가셨다. 그 후로 아직까지 아홉 개 혹은 여덟 개의 손가락과 발가락으로 태어난 자손은 없었다. 그 이야기는 단순히 강가에서 산골로 시집와 산골에서 생을 마친 한 여성이 고향을 그리워하며 지어낸 것에 불과할 수도 있고, 대대로 강가에서 태어나고 자란 한 추씨 일가가 자신들이 가진 불의 기운을 잠재우기 위해 만든 토템의 하나일 수도 있다. 그렇다면 나에게 그 이야기는 한낱 '어렸을 적 할머니가 들려주시던 호랑이가 담배 피던 시절'의 삽화에 불과한 것일까. 의심은 거기에서 그쳤다. 나는 바빴고 강은 여전히 멀었으며 한겨울철 강의 수량이 줄 듯, 친족의 의미와 왕래는 겨우 실낱처럼 흔적만 남았으니까.

그리고 몇 해 전 태풍이 손님처럼 지나가는 가을, 나는 어느 국도에서 길을 잃었다. 그건 나의 의지는 아니었다. 퇴근 시간에 출발해 지름길을 찾아 국도로 들어섰던 게 실수였다. 골짜기는 점점 더 깊어졌고 아무리 찾아도 내가 찾는 길은 보이지 않았다. 돌아가야 할지 아니면 더 가야 하는 것인지 짐작도 되지 않았다. 무엇보다 직선의 환한 도로에 익숙한 도시 여자에게 태풍이 밀려오는 구불구불한 국도는 두려움 그 자체였다.

가야 할 곳은 아직 한참 멀었지만 날이 새기를 기다리는 수밖에 없었다. 할 수 없이 남도의 어디쯤, 나는 불편한 심정으로 민박집에 들었다. 캄캄한 태풍은 그 밤이 고비라고 했다. 바람은 그치지 않고 말라가는 숲을 털었다. 아무것도 보이지 않으니 어둠 속에서 들려오는 소리들이 한층 더 거슬렸다. 가끔 낙엽들이 창문에 붙어 나를 엿봤고 어두운 허공 저쪽에서 짐승의 울음소리 같은 천둥이 치기도 했다. 도시는 멀었다. 나는 폭우에 고립된 야영객처럼 신경을 곤두세우고 바짝 긴장했다. 무엇보다도 나를 긴장시켰던 건 그치지 않는 물소리였다. 당장 나를 잡아채서 어디론가 끌고갈 기세로 흐르는 물소리는 바람소리와 뒤섞여 꿈속까지 따라왔다.

그날 밤, 나는 오랜만에 물속에서 걸어나와 강가를 서성거리는 사람들의 꿈을 꿨다. 그 사람들은 왼쪽 발가락에 가신의 표식을 지닌 채로 평생을 보냈던 할머니의 모습이기도 했고, 몇 대를 거슬러 올라가 그 표식을 할머니에게 물려준 조상의 얼굴이기도 했으며, 몸을 뒤져 그 표식을 찾으며 두려워하던 나이기도 했다. 주소지도 불분명한 그곳에서 보낸 한 밤 동안 나는 끝없이 강을 거슬러 올라갔다가 떠밀려오기를 반복했던 거였다.

나와 강의 인연은 멀었다. 나와 강 사이의 기억은 어느 지붕 밑 오랜 다락방을 뒤지면 튀어나옴 직한 오래된 일기장이나 옷가지들처럼 누구나 한두 개쯤 가지고 있을 그런 보편적인 기억 몇 개가 전부였다. 그 밤을 지내고 마치 아무 일도 없었다는 듯 나는 그곳을 떠났다. 그러나 폭풍 같은 꿈을 꾼 다음날, 강을 따라 난 국도를 달리며 그 길이 왜 구불구불할 수밖에 없었는지, 왜 물소리가 꿈속까지 따라왔는지, 왜 그 밤을 그곳에서 지내야 했는지 조금은 이해할 수 있었다.

길은 강줄기를 따라 나 있었다. 강의 길을 따라 만든 인간의 길이었다. 그 강은 계절에 따라 유속과 수량을 달리하기도 했지만 인간이 만든 길이 아니라 자연이 만든 길이었다. 또한 길은 강을 따라 나 있었으므로 산과 강의 지형을 닮아 있었다. 나는 그때 주변을 살피며 달렸다. 불어난 물에서 들리는 물소리가 솔숲을 지나가는 바람소리처럼 들리기도 했고 소풍 나온 아이들의 웃음소리처럼 들리기도 했다. 강변의 자갈과 갈대와 풀숲이 젖어 함께 흘러갔다. 성질 급한 아이들이 강 주변에 모여 그물을 놓는 모습이 보였을 때, 아스팔트로 포장되어 자전거 도로가 생기고 매점에서 산 연을 날리는 아이들이 모여 있는 내가 사는 도시의 강을 떠올렸다. 강가에 나가서도 강은 보이지 않고 사람들이 보이는, 물살을 쓸고 지나가는 유람선도, 물도 보이지 않고 화려한 불빛과 뜨끈한 바람만 지나가던 그 강과는 대조적이었다. 어디쯤인지 몰랐으므로 다시 그곳을 찾아간 적은 없었다. 그러나 멀리 있어도 늘 가슴속에 있는 것과 가까이 있어도 그것이 무엇인지조차 모르는 것이 있다. 그 낯선 하룻밤은 마치 가슴속에 물길을 튼 것처럼 가끔, 천천히 오래오래 기억 속을 흘렀다.

섬에 가서 섬을 보지 못하고 돌아왔던 적이 있었다.

섬들은 앞다퉈 해안도로를 만들었다. 바다가 잘 보이는 산의 중턱을 깎아 섬 전체를 한 번에 돌아볼 수 있게 만든 그 도로는 근사해 보였다. 섬으로 간 사람들은 배에서 내리자마자 차를 빌려 해안도로를 달렸다. 그 섬에서 볼 것은 다 봤다고 생각했다. 도로변의 풍경 좋은 음식점에 들어가 밥을 먹으며 그 섬에 대해 얘기했다. 그리고 돌아왔을 때는, 아무것도 기억나지 않았다. 그 섬에서 자라는 나무에 대해, 그 섬 주변에 사는 바다 생물에 대해, 섬 사람들에 대해, 풀과 나무와 꽃에 대해 아무것도 알지 못했다. 아마 잘 만들어진 해안도로 때문이었을 거였다. 쉽고 편리한 건 우리에게 어떤 기억도 심어주지 못한다는 걸, 나는 아마 알고 있었을까. 쓰기에 쉽고 편리하게 만들어질수록 우리들은 이기적인 쪽으로 변해간다는 사실을. 쓰기에 쉽고 편리하게 개발될수록 우리들은 우리들에게서 멀어진다는 사실을.

나는 강에 대해 잘 모른다. 아무리 기억을 더듬어봐도 내가 가진 강에 대한 삽화는 두어 개뿐이다. 그러나 강과 나, 자연과 나 사이의 거리에 대한 반성은 두어 개의 삽화로도 충분했다. 아직 오지 않은 어느 날, 누군가 나에게 우리의 내력에 대해 묻는다면 어떤 말을 할 수 있을까. 나는 아마 그들에게 들려줄 터무니없는 옛날이야기는커녕 꿈꿀 수 있는 어떤 말이나 계기도 물려주지 못할 것이다. 강이 만든 길을 따라 천천히 걸어보라거나, 자연에 기대 살아가며 그 자연과 소통하는 각각의 어법을 구전시키는 그런 터무니없는 옛날이야기는 결코 할 수 없을 것이다. 강은 언제나 어딘가에 있었으므로 앞으로도 영원히 거기에 항상 있는 것이겠지만, 이제 그 강이 어디인지 점점 보이지 않는다. 돌이켜보면 언제나 차고 뜨겁고 어두운 그곳이 있었다. 자신의 근거지에서 받은 기형의 선물을 평생 몸에 지니고 살았던 할머니나 길을 끌고 흘러 그 길 위에서 무언의 접촉을 시도하던 태풍의 한가운데 있던 강. 그들 모두는 나에게 차고 뜨겁고 어두운 기억이었다. 그러나 이제 그곳이, 보이지 않았다. 아무것도 보이지 않았다. 어쩌면 그럴지도, 모른다.

강이 거기 있었고, 사람들이 거기 있었다

김용택

푸른 산과 파란 하늘에 하얀 뭉게구름 그 하늘 아래 산의 모습이 푸르게 어리는 강물, 깊은 강바닥에 깔린 흰 돌멩이까지 해맑은 햇살이 환하게 가 닿는 맑은 물, 물고기들의 푸른 등이 보이던 강물, 모래와 자갈과 바위들을 넘어가는 물살들, 부서지고 굽이치고 유유하고 도도한 강물, 그 강물—이 섬진강이다. 사람들이 일하다가 목마르면 강에 엎드려 물을 마시고, 강변에 놀던 소들이 목마르면 강물로 걸어가 마시던 강물, 그 강변에 붉은 자운영꽃이 피어나는 강물이 섬진강이다. 강 굽이 돌아갈 때마다 나타나는 강 언덕의 작은 마을들, 마을이 기댄 산자락에 작은 논과 밭들, 강은 그리하여 오래도록 사람들이 사는 세상을 자기 몸에 비추어 적셨다. 강은 또 그리하여 사람살이의 거울이다. 강물에 얼굴을 비추어 사람의 얼굴이 깨끗하면 강물도 사람의 얼굴도, 사람이 사는 세상도 그러하리라.

산이 있는 곳에는 강이 있었다. 산이 크고 높아 골이 깊으면 강도 따라서 물이 넘치고 깊었다. 섬진강은 그리 큰 들이나 큰 마을을 거느리지 않은 강이다. 강물의 하구에 다다르며 남원들이나 곡성 고달들판, 그리고 꽃 바다를 이루는 구례들과 세상에서 가장 아름다운 악양들판이 있긴 하지만 섬진강이 거느린 들은 아기자기한 마을의 모양을 닮은 작은 들판들이다.

섬진강은 전라북도 진안에 있는 팔공산과 마이산에서 발원한다. 사람들은 데미샘이라는 작은 샘을 그 발원지라고 한다. 섬진강이 그렇게 진안과 임실군을 흐르다가 옥정댐에 막힌다. 사람들은 그 댐을 섬진댐이라고 하고, 또 어떤 이는 운남호라고도 한다. 섬진강의 발원지를 다 자기 동네라고 우기듯이, 또 섬진강을 사람들이 오원천, 운암강, 적성강, 순자강이라고 부르듯이, 섬진강댐도 사람들은 다 자기가 살고 있는 곳의 지명을 따 이름을 그렇게 붙여 부른다. 댐은 임실군 강진면 옥정리에 있다. 옥정호는 아름답다. 나는 댐으로 인해 생긴 옥정호 호숫가를 찾아다니기를 좋아한다. 그 호숫가의 호젓한 곳들을 나는 다 알고 있다. 나를 찾는 여인들과 때로 나의 아내와 같이 나는 봄여름 가을 겨울 이 호수를 찾아가 호젓한 호숫가에 앉아 잔잔한 호수의 마음을 내 맘에 그린다. 흐르는 물도 아름답지만 하늘을 닮은 잔잔한 호수의 고요히 저문 물도 아름다운 것이다.

사람들이 자기를 어떻게 부르든 말든 강물은 제 갈 길을 간다. 오래도록 흐르며 자기가 만든 길은 때로 유유하고 때로 부서지고 굽이친다. 섬진댐에서 막힌 강물은 임실군 강진면을 지나 덕치면 물우리부터 순창군 적성까지 굽이굽이 산자락을 휘감고 돌며 아름다운 계곡을 따라 흐른다. 순창군 동계와 적성을 지나 전라남도 곡성군 옥과를 지나 남원 금지를 지나 흐르다가 섬진강에서 가장 큰 지류의 하나인 남원 요천을 만난다. 그곳이 곡성군 고달이다. 고달에서 강은 비로소 강 꼴을 이룬다. 곡성을 지나며 강물은 기찻길과 도로를 한꺼번에 거느린다. 구례 구역을 지나 순천에서 흘러오는 작은 지류를 만나면서 섬진강은 큰 굽이를 틀어 지리산을 향한다. 그리하여 강물은 하동을 향해 흘러간다. 구례에서 하동에 이르는 동안 강물은 지리산에서 흘러온 골짜기 물들을 받아 제 몸을 크게 키운다. 피아골, 쌍계사 골짜기, 악양들판을 적시고 섬진강을 찾아온 악양천을 반갑게 받아 흐르며 하동으로 간다. 그렇게 섬진강은 세 개의 도와 열두 개의 군을 넘나들며 산자락 강 언덕에 그림 같은 마을들을 만들며 작은 산에서 시작된 시냇물들을 불러모으며 남도 오백 리 길을 굽이굽이 유장하게 흐른다. 산중의 어느 작은 옹달샘으로 모여든 물들을 불러모아 흐르는 섬진강은 새색시 옥색 옷고름을 뚝 따 던져놓은 것 같은 설움을 안고 그렇게 시정 넘치는 강으로 흐른다.

섬진강은 예로부터 고기 절반 물 절반이라 했다. 강의 상류에는 강을 만드는 산들이 가파르고 그 산에 바위들이 많아 강물로 굴러내린 바위들이 고기들의 좋은 집이 되어주었다. 그러니 강물에서는 온갖 고기들이 철을 가리지 않고 잡혔다. 고기들뿐 아니라 강에는 다슬기, 조개, 재첩 같은 조개의 종류들이 많았으며, 산이 가까우니 산과 강에 사는 수달같이 귀한 동물들이 아직도 서식하고 있다. 강의 하류에는 아직도 맑은 강물에서만 사는 은어가 살고 있으며 참게, 새우들이 살고 있다.

강물의 흐름이 굽이굽이 다채로워 물의 흐름을 자기 스스로 조절하여 자기 몸을 맑게 하고, 그 흐름의 세기가 곳곳에 따라 달라 작은 소沼들이 많아 또한 물을 걸러 자기 몸을 스스로 정화시킬 줄 알았다. 자기 몸을 스스로 정화할 줄 아는 강을 우리들은 자정 능력이 있는 강이라 하여 자기를 살리고 더불어 만물을 살리며 살아 흐르는 강이라 한다.

섬진강만큼 사람들을 가까이 거느리고 사는 강은 없다. 강이 그리 크지 않고 산과 산 사이 좁은 계곡을 지나니 거기 있는 땅 또한 넓지 않아 작은 마을들이 생겼다. 사람들은 먹고살기 위해 산과 강을 가까이했다. 거기 그들을 살리는 양식이 있었기 때문이다. 강 이쪽과 저쪽을 왕래하기 위해 사람들은 큰 힘을 들이지 않고 징검다리를 놓았고 물이 더 깊으면 나루를 만들어 배를 띄웠다. 섬진강은 아무리 강폭이 넓어도 강 이쪽에서 강 저쪽의 사람을 부를 수 있었다. 강 이쪽과 저쪽 강변에다가는 소를 놓아 길렀고, 물이 불어도 물이 닿지 않은 곳에 논과 밭을 일구었다. 산자락에 만든 논과 밭에 봄이 와 풀들이 돋아나면 사람들이 작은 들로 나가 풀을 뜯고 자운영 꽃 핀 논을 갈아엎어 곡식을 가꾸었고 산에 들어 나물을 뜯어 허기진 배를 채웠다. 이와 같은 자연과 인간의 공생은 산과 강 모두 사람들의 생명 그 자체였으니 산과 강이 사람들과 한 몸이었다. 강이 아프면 사람들도 아팠고 산이 가물어 산이 목말라 하면 사람들도 목이 탔다.

자고 일어나면 강물로 달려들고 산을 오르던 산과 강은 거기 그대로 있으되 이제 강과 산은 옛날의 그 맑고 고운 산이 아니다. 산에서 일하다 목말라 달려와 엎드려 마시던 꿀같이 달던 강물은 흐려져 발 담그기가 두렵고, 산자락에 있던 논과 밭은 나무들이 칙칙하게 우거져 사람들의 발길을 막는다. 사람들과 한 몸이던 강물과 산이 사람들과 멀어지고 있는 것이다. 사람들의 끝없는 탐욕이 강을 죽이고 고기들을 강에서 쫓아내고 있다. 강물의 생명인 강에 사는 것들이 강에서 쫓겨나니 사람들 또한 강물에서 쫓겨날 것이다. 자기 몸 어디가 조금만 이상해도 호들갑을 떨며 병원을 간다, 보약을 먹는다, 야단이면서 말 없는 산 말 없는 물의 고통을 사람들이 외면하고 있다.

푸른 하늘 맑은 산과 물, 거기 사는 사람들의 고운 심성들은 한 가지였다. 어렵고 복잡한 이론도 논리도 거기엔 없다. 오직 한 가지 하늘, 해, 산, 물, 바람, 땅, 새와 여러 짐승의 속내가 사람과 서로 지극히 닮았을 뿐이다.

어느 날 문득 앞 강물에 세수를 하려고 엎드렸을 때, 내 얼굴이 흐려 보였다. 거울이, 인간의 거울이 흐려진 것이다. 얼마나 그 얼마나 오랜 세월 산이 거기 있었고 강이 거기 있었던가. 사람들이 거기 또 그렇게 산과 강과 함께 있었던가.

그곳, 내가 살지 않았던 고향

김이은

서울 왕십리에 있는 무학 초등학교에 다니던 시절, 나는 반 아이들 중 가장 작고 병약하고 늘 뭔가에 화가 나고 주눅이 들어 있는 듯 인상을 쓰고 있던 아이였다. 짓궂은 장난을 일삼던 아이들에게 가난하고 말수 없고 저항력 없던 나는 언제나 좋은 놀림감이었다.

볕 좋은 여름날, 무거운 가방을 메고 학교 교문을 지나 교실로 향하는 오르막길을 걸어 오를라 치면 힘에 겨워 등나무가 우거진 벤치에 앉아 한참을 쉬었다 가곤 해야 했다. 그렇게 앉아 있다 보면 아이들이 내 뒤로 슬금슬금 다가와서는 등나무에 살고 있는 송충이를 잡아 내 옷 속으로 집어넣기도 하고 내 가방 속에 몰래 넣어두기도 했다. 그럼 나는 뭔가가 스멀스멀 기어다니는 느낌 때문에 등에 손을 집어넣었다가 꺅 소리를 지르면서 놀라 자빠지기 일쑤였고, 아이들은 바닥에 털썩 주저앉아 징징거리는 나를 보며 배꼽이 빠져라 웃어대곤 했다. 교실로 들어가 책을 꺼내려고 가방 속에 손을 넣다 말고 한여름 대낮에 귀신이라도 본 것처럼 사색이 되는 일이 다반사였다. 매해 여름이면 반복되는 일이었으니 익숙해질 만도 했지만, 다 자라 어른이 된 지금도 송충이랑 비슷하게 생긴 강아지풀만 봐도 기겁을 하는 걸 보면 그때 어지간히 겁을 먹었던 게 틀림없다.

그뿐인가. 잔병치레하는 일이 많아서 약을 달고 살았던 나는 쉬는 시간 틈틈이 약을 먹어야 할 일이 많았는데, 분명 가방 속에 들어 있던 약이 없어지는 일이 심심치 않았고, 약을 먹으려고 입을 크게 벌리고 약을 쏟아넣을라 치면 어디선가 뻗쳐온 주먹이 내 손을 툭 쳐서는 온 사방에 가루약이 흩뿌려지는 일이 많았다. 운동장을 걷다 보면 바람이 불지 않는데도 치마가 뒤집혀 웃음거리가 되기도 하고, 어디선가 날아온 돌멩이에 머리를 얻어맞아 터져서는 하얗게 질린 얼굴로 혼자 엉엉 우는 일이 거의 매일 되풀이되었다.

그랬지만, 나는 누구에게도 그 사실들을 말하지 못했다. 도시 빈민 노동자들이 모여 사는 왕십리에서 태어나 언제나 좁고 더러운 골목 안에서 뱅글뱅글 맴돌다 보니 그렇게 맞고 놀림당하고 혼자 뒤돌아 우는 것이 당연한 일이라고 생각했는지도 모른다. 제대로 포장도 되지 않은 좁고 어둔 골목 안에 쭈그리고 앉아서는 별다른 놀잇거리도 없어 까만 고무줄을 길게 늘여 고무줄 놀이를 하거나 달력 종이를 찢어 만든 딱지 놀이를 하다 보면 골목 바로 앞에 붙어 있던 시장통에서 생선 비린내와 정육점에서 풍기는 고기 썩는 냄새가 흘러넘쳐서 숨 쉬기도 힘들 지경이었다.

하지만 일 년에 단 한 번, 내게는 그 유배지와도 같은 곳에서 벗어날 수 있는 기회가 있었다. 여름방학이면 온 식구가 다 함께 전라북도 임실에 있는 시골 마을에 찾아가곤 했었는데, 그곳은 바로 내 부모님의 고향이었다. 비옥한 토지도 없고, 북적거리는 사람들도 없고, 단지 마을 곳곳에 커다란 돌들이 굴러다니기만 하는 곳이라 이름 붙은, 돌무덤이라고도 불리던 그 마을. 그곳에 가기 전날이면 나는 설레는 맘으로 뒤척이며 잠들지 못하면서 수영복은 챙겼는지, 그림을 그릴 스케치북과 크레파스는 가방에 넣어두었는지, 탐구생활과 다른 방학 숙제도 잊지 않았는지 생각하느라 마음이 분주했었다. 그중에서도 아껴 입던 분홍색 꽃무늬 원피스는 머리맡에 놓아두고는 혹시나 동생이 뺏어갈까 걱정하는 마음으로 그 하늘하늘하고도 새하얀 레이스 자락을 만지작거리곤 했다.

기차를 타고 임실까지 가는 동안에도 나는 동생들과 함께 삶은 계란도 까 먹고, 사이다도 마시고, 과자도 사먹으면서 뭐가 그리 신나는지 우습지도 않은 농담에 숨이 넘어가라 까르르 웃어대곤 했다. 기차역을 빠져나와 또 버스를 갈아탄 다음, 마을 입구에서 내려 양손과 등에 가방을 메고, 들고, 우리는 돌무덤을 향해 땀을 뻘뻘 흘리며 걸었다. 그러면 마을 어디선가 얼굴이 까맣게 그을고 머리를 빡빡 밀어 깎은 사내아이들이 수줍으면서도 호기심 가득한 눈으로, 마치 내가 백화점 쇼윈도에 걸린 화사한 옷가지들을 구경할 때와 비슷한 표정을 하고는 먼발치에서 눈으로 우리를 따라왔다. 서울 왕십리에서 늘 놀림을 받으며 살던 나는 그 아이들의 눈빛으로 왠지 보상을 받는 듯한 기분이 들었고, 마을 옆을 길게 흐르는 섬진강 줄기를 따라 걸으며 이제 막 열매를 맺기 시작한 밤나무 숲을 지나다 보면 마치 오랫동안 떠나 있던 집으로 다시 돌아온 것 같은 기분에 빠지곤 했다.

그렇게 돌무덤의 아버지 고향 집에 들어서면 막 밭일을 끝내고 들어온 삼촌 내외가 밀짚모자도 벗지 않은 채로 우리를 맞았다. 툇마루에 짐을 부린 우리는 먼저 마당 한가운데 있는 펌프로 끌어올린 지하수로 얼굴이며 손, 발을 씻어 도시에서부터 가져온 먼지들을 깨끗하게 떨어냈다. 한여름에 땅속 깊은 곳에서 올라온 그 차가운 물줄기는 도시에서 먹는 그 어떤 빙과도 흉내내지 못할 만큼 시원했다. 옷까지 갈아입고 마루에 올라앉으면 산에서 뜯어온 나물들이며 개울가에서 잡아온 물고기들과 다슬기로 차려진 점심상이 준비되었고, 그것을 받아 쉼 없이 울어대는 매미 소리를 들으며 밥 한 그릇을 뚝딱 비우곤 했다.

점심상을 물리고 난 뒤 찐 옥수수까지 뜯어 먹고 나면, 드디어! 강으로 나갈 시간. 나는 곱게 차려입었던 분홍색 레이스 원피스를 벗어던지고 꽃과 나비가 새겨진 수영복을 꺼내 입었다. 아직 한참 자랄 때라 매년 새 수영복이 필요했는데, 가난한 살림에도 아버지는 여름방학을 맞아 당신의 고향으로 식솔들을 데리고 내려올 때면 늘 새 수영복을 사주곤 했다. 왕십리에서 가장 가까운 신당동의 중앙시장에서 사온 수영복은 서울 아이들과 함께 있을 때면 초라해보였지만, 돌무덤으로 내려와서는 사정이 달랐다.

아버지가 튜브로 사용할 폐타이어를 옆구리에 끼고 먼저 길을 나서면 나와 동생들은 줄줄이 아버지 뒤를 따라갔다. 강에는 벌써 마을 아이들이 나와 놀고 있었지만 꽃으로 가득한 수영복을 입은 우리가 물로 들어서면 어느새 멀찌감치 피해 자리를 내주곤 했다. 다 낡은 속옷 차림으로 수영을 하는 아이들 틈에 끼어 나는 까만 폐타이어에 앉아 아버지가 밀어주는 대로 강물을 따라 흘러가곤 했다. 그러다 아버지가 잠깐 자리를 비우고 나와 동생들만 남으면 그제서야 마을 아이들이 우리 주변으로 몰려들었다.

처음엔 쭈뼛거리면서 주위를 맴돌던 아이들이 점점 우리에게 다가와 곧 다 같이 어울려 물놀이를 하곤 했다. 아이들은 수영을 못하는 내게 수영을 가르쳐주기도 하고, 그물을 쳐서 물고기를 잡는 방법도 가르쳐주었고, 돌을 들춰서는 다슬기를 잡는 법도 일러주었다. 아이들 중 누구도 내가 가난하고, 작고, 비쩍 마르고, 주변머리 없으며 주눅 든 표정을 하고 있다고 놀리지 않았고, 아무도 내게 돌을 던지거나 때리거나 징그러운 걸로 나를 놀래키거나 하지도 않았다. 그 아이들은 그저 나를 친구로 받아주었다.

그렇게 한바탕 신나게 놀고 나서 집으로 돌아오면 뒷산에서 갓 캐온 더덕구이가 올라온 저녁밥이 기다리고 있었다. 한여름 땡볕에 물놀이를 하느라 까맣게 탄 얼굴로 식구들이 다 함께 둘러앉아 밥을 먹다 보면 서울의 아이들이 자랑하던 뷔페식당의 음식이 뭐가 대수랴, 싶었다.

깊은 밤이 되면 나와 동생들은 마당 한쪽에 만들어놓은 원두막에 올라가 수박을 먹었다. 강물 흐르는 소리가 바로 옆에서처럼 또렷하게 들렸다. 그러면 삼촌은 카세트 데크를 들고 올라와 우리들에게 재미있는 이야기를 들려주겠다며 테이프를 틀어주었다.

'옛날 옛날에 머리칼이 아주 하얗고 이빨도 다 빠지고 손가락은 쭈글쭈글한 노파가 살았답니다. 그런데 그 마을에 언젠가부터 이상한 일이 생기기 시작했지요. 바로 마을의 아이들이 하나둘씩 사라지는 것이었어요. 온 마을 사람들이 사라진 아이들을 찾아 사방을 헤매고 다니는 것이 일이었지요. 하지만 그 노파는 마을 사람들을 도와주러 오지 않았답니다. 언제나 자기 집에 틀어박혀서는 꼼짝도 하지 않았지요. 그런데 너무나 이상한 건 시간이 갈수록 노파가 젊어진다는 거였어요. 머리칼도 까맣게 변하기 시작했고, 굽었던 등은 점점 곧게 펴지기 시작했지요…….'

우리는 오싹해져서는 혹시나 노파가 우리도 잡아가지 않을까 걱정하면서 원두막에서 선잠에 빠지곤 했다. 휘영청 밝은 달빛이 그대로 쏟아졌고, 어딘지 모를 먼 곳으로 흘러가는 강물 소리가 아련하게 들려왔다. 그 소리에 이끌려 눈을 떠서 저 아래를 내려다보면 달빛을 받은 강물이 반짝거리면서 부서졌다. 그러면 나는 멈추지 않고 흐르는 강물 소리를 자장가 삼아 낮에 아이들과 허물없이 다 함께 어우러져 놀던 기억을 떠올리면서 잠들 수 있었다. 어디서 나타날지 모르는 노파 걱정은 잊고 말이다.

나는 왕십리에서 태어나고 자랐지만, 그곳이 고향이라고 생각해본 적은 한 번도 없다. 태어난 곳이 고향이겠지만, 또 모든 출생지가 고향은 아니다. 심각한 매연을 내뿜는 거리와 지저분한 공장들이 늘어선 골목, 거친 사람들이 매일 악다구니를 쏟아내는 도시의 뒷골목은 왠지 고향이란 단어를 갖다 붙이기가 민망한 기분이 든다. 고향이라는 말 속에는 태어난 곳이라는 뜻보다 훨씬 더 많은 것들이 숨어 있다. 거기에는 맑고 달큰한 공기와 밤이면 사사삭, 울어대는 깊은 숲과 허물없이 어울리는 사람들의 미소와 그리고…… 강물. 어디선가 흘러와서 또 어디론가 가버리는 강물이 흐르는 풍경이 들어 있다.

돌무덤 앞에 흐르는 그 섬진강물 안에서 나는 가난한 집 아이라고 손가락질받지도 않았으며, 병약한 계집애라고 놀림을 당하지도 않았고, 그 어떤 따돌림도 없이 말이다. 서울 출신이든 돌무덤 태생이든, 살빛이 하얗고 까만 것에 상관없이 같이 떠들고 웃고 하나가 되어서는 신나게 물놀이를 하면서 고향을 즐길 수 있었다.

그래서 나는 지금까지도 내 아버지의 고향인 돌무덤을 내 고향이라고 생각해왔다. 고향이란 바로 그런 곳이 아니겠는가. 어떤 모습으로 찾아가도 푸근하게 나를 안아주는 곳, 그리고 언제 찾아가더라도 반갑게 두 손 잡아주는 곳. 그러니 나는 내가 꼬부랑 할머니가 되었을 때도 돌무덤이 그 모습 그대로 있길 바란다. 하얗게 센 머리칼을 이고 돌무덤을 끼고 있는 섬진강가에 의자 하나 내다놓고 앉아 있고 싶다. 그렇게 앉아서, 지금처럼 어딘가에서 흘러와 또 조용하게 어디론가 흘러가는 강물의 모습을 말없이 바라보고 싶다.

시간은 낮은 곳으로 흘러야 한다

김일영

1

무더운 밤은 깊은데, 근처 어느 방에서 중국 청년의 노랫소리. 애인을 위해 부르는 저 노래는 새들의 울음처럼 안타깝다. 내가 나를 버리고 너에게 갈 수 있다는 과장이 저 세레나데를 가능케 하리라. 노래 그치고 빗소리 골목에 가득 찬다. 젖먹이의 울음소리가 빗소리를 건너온다. 여름은 창문들마다 가득 들어 있던 소리들을 밖으로 꺼내놓는다. 소리들이 골목을 건너다니며 서로를 듣는다.

내가 사는 동네는 직선의 도로와 아파트가 아직 쳐들어오지 않아 인간들의 내면을 닮아 있고 여러 삶의 생태를 간신히 유지하고 있다. 굽이진 골목과 갈래갈래의 계단 길을 등산하듯 올라와 가장 숨이 차는 곳에 이르면 내가 사는 집이 있다. 생선 비늘 같은 집들을 산 중턱까지 끌고온 골목은 서울에서는 멸종되다시피 한 오래된 길이다.

집 뒤에는 아파트가 욕심낼 만한 자연 공원도 있다. 그런데도 이곳은 개발 바람이 불다 말았다. 오래된 대학 덕분이다. 뉴타운 바람이 황사처럼 불 때 이곳에도 재개발 냄새가 풍겼다. 하지만 오래지 않아 그 냄새는 자취를 감추었다. 동네가 유서 깊어서라거나, 골목의 생태를 지키기 위해서는 결코 아니었다. 씁쓸하게도 이익이 이익을 막아냈던 것이다. 지방이나 중국에서 온 학생들에게 다달이 받아먹는 월세가 아파트를 통해 얻을 이익보다 쏠쏠했던 것이다.

골목이 깊어진 데에도 이 대학의 역할이 컸다. 조선 시대 성균관 유생들은 정부로부터 봉급을 곡식과 같은 물품들로 받았다. 물품들을 지급하던 곳이 동네 초입에 있는 시장 입구다. 시장이라고 해야 지금은 이름만 남다시피 했지만 옛날엔 골목을 번식시키는 역할을 했던 그럴듯한 시장이었다. 유생들을 따라 올라온 몸종들이 인근에 모여 살면서 시장은 활기를 얻어갔으며, 푸줏간들도 늘어나 백정들도 많이 모여 살았다고 한다. 누대로 이어져온 민초들의 질긴 삶 때문에 이곳에는 일제 때의 악명 높은 종로 깡패들도 얼씬 못했다고 한다.

이 동네의 골목들은 그런 끈질긴 시간의 흔적들을 간직 한 채 육백 년이 넘는 시간을 흘러왔다. 강이 흘러온 시간처럼.

2

강이 키우고 깎아온 비경은 살리기 위해 낮음의 힘으로 흘러온 시간의 얼굴이다. 그 아름다운 강을 점령해 들어오는 직선적인 탐욕, 그것과 동일한 탐욕이 키워온 고층 아파트 단지와 넓은 도로들이 저 멀리서 이 동네를 바라보고 있다. 저 아파트들은 스스로의 탐욕으로 절벽 위에 서게 되었다. 4대강 사업의 타당성에 대한 추악한 거짓은 아파트 가의 몰락 조짐으로부터 시작된 것일지도 모른다. 사死대강 사업은 탐욕스런 건설 자본과 그에 결탁한 권력, 그리고 부동산 자본들의 협잡이라는 말로밖에는 설명할 길이 없지 않은가. 강이 만들어온 맑은 물과 아름다운 경치는 인간들의 원초적 동경이다. 그것을 돈으로 환산하는 그들은 이익에 눈이 먼 기계들이다. 얼마나 군침이 도는 일이겠는가. 막대한 개발 비용은 국민들의 세금으로 충당하고, 이익은 그들의 호주머니와 백년 지지자들에게로 들어갈 테니 말이다.

콜타르 같은 바람이 분다.

3

지난봄, 아내와 나는 낙동강가를 걸었다. 하회마을을 감싸고 있는 모래톱은 감탄스러웠다. 그런데 모래톱에는 불길한 붉은 깃발들이 줄지어 휘날리고 있었다. 한적한 산그늘 아래엔 원앙새 한 쌍이 닥쳐올 시간을 예감하지 못하고 평화롭게 노닐고 있었다.

병산서원 가는 길은 아스팔트와 장사판이 된 하회마을과는 달리 흙먼지가 살아 있었다. 고갯마루에 이르렀을 때 저 멀리서부터 홍수처럼 밀려오는 직선의 거대한 폭력이 한눈에 들어왔다. 병산서원 인근까지 도착해 아름다운 습지를 파헤치고 있었다. 백로 한 마리 바삐 움직이는 포클레인 앞에서 어리둥절한 포즈로 서 있었다.

다시는 돌아올 수 없는 그곳의 최후를 그렇게 촛불처럼 지켜보았다.

포클레인이 도착하지 않은 병산서원 앞 모래사장은 수줍은 처녀의 볼처럼 아름다웠다. 물은 유리처럼 투명했고 구슬 같은 돌멩이들이 물결에 몸을 뒤척이고 있었다. 그곳 모래사장에도 줄지어 선 깃발들이 휘날리고 있었다. 머지않아 그 깃발들을 따라 직선의 콘크리트 장벽이 지나갈 것이다. 직선은 일부가 아니라 강의 처음부터 끝까지를 욕망의 대상으로 삼고 있었다. 유서 깊은 곳, 귀하게 지켜야 할 풍경 같은 것은 아랑곳하지 않았다. 우리 눈에는 쉽게 띄지 않는 수줍은 생명들은 곧 이곳의 비경과 함께 증인도 없이 죽어갈 것이다. 그렇게 강은 수로가 되어가고 있었다. 아니 웅덩이가 되어가고 있었다.

살리기 위해 지나온 시간과 살리기 위해 흘러갈 시간을 갖지 않은 강은 웅덩이에 불과하다.

4

내가 돌멩이처럼 작은 아이였을 때, 마을 아이들을 데리고 놀아주던 몽돌 해변도 사라지고 없다. 몽돌들을 굴리며 울던 파도소리도 사라지고 없다. 어리굴을 하얗게 뒤집어쓴 바위들도 사라지고 없다. 마른 목과 몸에 묻은 소금기를 헹구어주던 몽돌 밭 끝, 맑고 단 샘물도 사라지고 없다. 옹기종기 모여 샘물을 흘려보내던 낮고 작은 무덤들도 사라지고 없다. 무덤가를 염소 떼처럼 뛰어놀던 아이들도 사라지고 없다. 학교 가기 싫은 날에는 은신처가 되어주던 소나무 숲도 사라지고 없다. 물이 멀리 가는 날이면 보드라운 개펄 속에 박혀 있던 키조개, 맛조개, 털게, 반장게, 무당게, 뻘게 또 참고둥, 뿔고둥, 방석고둥 등 이루 말할 수 없이 많은 생명들. 그 많은 이름들을 누가 다 지어 붙였을까 생각하면서 성장해가던 아이들도 그 마을엔 이제 없다.

안방들마다 텔레비전이 집주인처럼 들어앉고 오락실이 마을에 들어올 무렵 해변은 매립이 되었다. 물을 흘려보내던 무덤들과 작은 산은 무참히 파헤쳐졌다. 누구의 것도 아니어서 모두의 것이었던 그곳은 개발이라는 이름을 달고 누군가의 소유가 되어버렸다. 개발만을 와야 할 시간으로 이해하는 새마을 세대들에게 바닷가를 매립하고 공장을 세우려는 시골 유지의 탐욕은 자연스러운 변화일 뿐이었다. 놀 곳을 잃어버린 아이들은 부모의 호주머니를 뒤져 오락실로 모여들었다. 오락실도 싱거워질 무렵엔 뒷방에 모여 화투를 치며 시간을 보냈다.

몇 년 전에 가본 여름, 그곳에는 버려진 컨테이너들이 몇 개 뒹굴고 있었다. 새들과 몽돌을 굴리던 파도소리와 아이들의 웃음소리를 모두 잃은 바닷가는 이제 폐공장만이 그 바다를 유령처럼 지키고 있었다.

그 바닷가는 사死대강의 미래다.

5

"꿈에 본 그 아름다운 초원을 언젠간 갈 수 있겠지. 언젠간 볼 수 있겠지."

수줍음 많은 3학년 꼬마 소녀가 쓴 시의 결말이다. 초원에 집을 짓고 밭도 갈고 놀이터와 화단도 가꾸며 살고 싶다는 소녀의 소박한 꿈은 이제 수정되어야 할 것 같다.

시를 한 번도 써보지 않았던 그 소녀는 인위적인 것으로부터 한 번도 벗어나보지 못했을 것 같은 도시 소시민의 딸이다. 소녀가 꿈에서 본 그 초원은 소녀의 무의식에 간신히 남아 있는 원초적 자연이었으리라. 소녀에게 초원은 태어나기 이전의 경험으로부터 간신히 이어져와 꿈의 배경을 이루었으리라. 그 배경은 인간으로서 채워가야 할 윤리의 테두리이며, 바람이 불어가는 곳처럼 삶을 끌어당기는 방향 같은 것이었다고 나는 믿는다.

그 소녀에게 누군가는 고백해야 하지 않을까. "네가 가고 싶어 하고, 보고 싶어 하는 그 초원과 같은 성스러운 자연은 이제 네가 살아내야 할 이 땅에는 없단다"라고.

창밖은 여전히 어둡고 공기는 내 마음까지 끈적거리게 한다. 우기의 어둠 속을 환청처럼 새가 날아간다. 울면서 소리치면서 다시는 돌아올 수 없는 한반도의 상공을 날아간다.

남한강가를 날던 재두루미는 아직 무사할까. 흰목물떼새, 단양쑥부쟁이, 희수마자, 얼룩새코미꾸리, 묵납자루, 미호종개, 남생이, 수달, 귀이빨대칭이, 표범장지뱀, 꾸구리 들은 아직 무사할까. 병산서원 앞에 서서 울던 백로는 무사할까.

그 귀한 생명들을 짓밟는 사死대강 주역들과 지지자들의 잠도 아직 무사할까. 정말 무사할까.

여강, 빨갛게 울다

김재영

강가 마을에서 태어나 어린 시절을 강변에서 보낸 나에게 강은 모든 것이었다. 푸른 강물에 머리를 넣은 채 종일 헤엄치며 모래무지나 누치와 함께 놀았고, 강가에 앉아 어머니 속살처럼 하얗고 보드라운 모래를 쥐고 두드리다 끝내 뒹굴어 온몸에 묻혔다. 동네 꼬마들과 그러고 노는 동안 드넓은 백사장 너머에서는 모래밭을 일구어 땅콩이나 고구마 따위를 기르는 어른들이 불러대는 노랫소리가 들려왔다. 때때로 물고기가 은빛 수면 위로 농담처럼 뛰어올랐고, 새끼를 품고 있던 개개비가 하늘 높이 날아올라 목청껏 소리 질렀다. 여름 장마철이면 거친 물살이 강변을 사납게 훑고 지나갔지만, 이듬해엔 한층 두둑해진 모래밭을 만들어 더 풍요롭게 곡식을 길러냈다.

세월이 흘러 강가 마을 아이들은 대부분 밖으로 나가 살게 되었다. 나 역시 고향 마을을 떠나 대도시에서 살았는데, 가끔 들려오는 강 소식은 그리 좋은 것만은 아니었다. 샛강은 말라 더 이상 아이들이 헤엄을 칠 수 없고, 큰 줄기를 이루던 남한강에선 밤마다 악귀의 입김과도 같은 나쁜 냄새가 피어오른다고 했다. 농약과 생활 하수, 가축 분뇨 때문이라 했다. 그나마 상수도 보호구역이어서 산업 폐수를 버리지 않아 하류보단 한결 나은데도 그러하다 했다. 아니, 실은 어머니 강이 끊임없이 여울을 만들고 이리저리 굽이치며 흘러 겨우 물을 정화시킨 덕이라 했다.

더럽혀진 강 소식은 몸뚱이 어딘가에 자리 잡은 부스럼처럼 가끔씩 마음을 괴롭히고 무겁게 했다. 하나 그러한 염려조차 번번이 일상의 노역과 도시의 혼란 속으로 흩어져 흔적 없이 사라지곤 했다. 다만 모두 다 잊지는 못해 가끔은 그 강을 다시 살리는 정책이 언젠가는 세워질 거라고, 샛강이 살아나고 모래밭에서 헤엄치는 아이들이 돌아올 거라고 막연히 기대하며 속수무책 기다렸다.

그런데…… 이게 어찌된 일인가.

주말에 동료 문인들과 함께 여강에 들렀다. 어머니 강이 임종 직전에 이르렀다는 소식을 듣고서였다. 현장에 내려보니 가히 눈 뜨고 볼 수 없는 지경이었다. 하얗고 드넓게 펼쳐졌던 은모래사장은 온데간데없고, 강변 갈대와 버드나무들은 잘리고 꺾여 어딘가로 실려갔다. 강의 중간에 쌓아놓은 둑이 물 흐름을 바꾸어 흙탕물은 피눈물인 양 새빨갛게 흘렀고, 수십 대의 포클레인에 의해 파헤쳐진 강의 나머지 반은 흉측하게 바닥을 드러낸 채 신음하고 있었다. 다리가 후들거리고 심장이 미친 듯이 뛰었다. 당장에라도 달려가 그 어이없는 생명 학살을 말리고 싶었지만 우리는 너무 약했고, 자본과 권력을 등에 업은데다 진압군처럼 중장비로 무장한 저들은 너무 강했다. 둥지와 새끼를 잃은 새들만이 현장 위를 맴돌며 안타까이 울어댔다.

강바닥을 긁어낸 자리에 시멘트 덩어리 보를 설치한다던가. 그러면 홍수와 가뭄을 피할 수 있다던가. 수질이 좋아진다던가. 지역 경제가 활성화된다던가. 그래서 결국 강을 살리는 사업이라던가. 그런데 강은 이미 죽어가고 있었다. 돈과 욕망의 배수장이 되어가고 있었다. 자궁이 들어내지듯 여울이 들어내지고 내장을 잘리듯 모래톱을 유실당한 채.

강물은 더 이상 자연스레 흐를 수 없고, 막힌 물줄기는 거대한 웅덩이 속에서 썩어갈 게 뻔했다. 갈대와 버들과 미루나무가 사라진 강변엔 더 이상 검은댕기해오라기나 청둥오리가 알을 품고 새끼를 기를 수 없을 것이 분명했다.

수많은 물고기들이 사라지고, 몇몇 수종만 기형적으로 수를 불리겠지. 소수의 권력자와 자본가만 배부른 현실처럼. 보 설치 작업이 끝나 강의 수심이 깊어지면 일의 책임자들은 유람선을 타고 상류를 거슬러 오를 거야. 갈대와 물새들을 쫓아낸 뒤 만들어놓은, 강변에 콜타르를 발라 인위적으로 조성한 자전거 도로와 공터, 벤치를 보며 환호하겠지. 시골의 풍경이 획일적으로 도시를 닮아가는 것에 만족해 하겠지. 전국이 균형적으로 발전하고 있다고 선전이라도 하려나. 하지만 몇 명이나 그 기나긴 지전거 도로를 이용할까? 서울서 여주까지, 먼 거리는 자전거로! 가까운 거리만 자동차로! 캠페인이라도 벌일 계획인가?

언론을 장악해 언어조차 선점해버린 자들은 '4대강 살리기' 니 '생명의 물' 이니 하는 말을 흰 벽에 페인트로 파랗게 써놓고는 뻔한 자연의 이치를 속이고 있었다. 푸른 페인트가 물빛을 푸르게 만들 수 있기라도 한다는 듯이. 오용된 언어가 실제로 강을 살리는 주술적인 힘을 발휘하기를 기대한다는 듯이.

문인과 화가 등으로 이루어진 일행은 입을 다문 채 무거운 발걸음을 옮겨야 했다. 아직 제 모습을 잃지 않고 보존하고 있는 강을 보러 갔다. 단암丹岩이란 글자가 새겨진 바위에 앉아 우리는 아름답고 생명력 넘치는 어머니 강의 본래 보습을 하염없이 바라보았다. 아무도 말을 하지 않았다. 말을 할 수가 없었다. 이제 곧 사라질 그 비경 앞에서 눈물을 흘릴 수밖에 없었다. 시인들은, 소설가들은, 화가들은, 판화가들은 오래 강 풍경을 바라보았다. 침묵 속에서, 흐르는 눈물을 닦지도 못하고. 다만 부릅뜬 눈으로 그 풍경을 각자의 영혼에 선명히 새겼다. 기억의 창고에 저장해놓은 뒤 두고두고 저 끔찍한 악몽의 살생 현장을 증언하기 위해. 언제까지고 잊지 않고 있다가 마침내 강을 복원하는 염원의 불꽃이 되기 위해.

자연과 함께 살아왔고, 또 언제나 자연만이 진정 그들의 편이었던 이 땅의 평범한 사람들은, 또 그 후예들은 마침내 염원을 이룰 것이다. 그리하여 마침내 신음하는 어머니 강을 되살릴 것이다. 그러나 그리되기까지, 물길이 다시 평화롭고 아름답게 흐를 때까지 또 얼마나 많이 아파야 하고 고단하게 싸워야 할까.

다시 여강을 등지고 강기슭을 오르는데 연둣빛 새싹을 내밀고 있는 풀과 나무들이 눈에 들어왔다. 어느새 봄이 온 것이다. 하지만 내 마음엔 여전히 차가운 바람이 불었다. 어두운 마음으로 다시 바라보니, 연둣빛 새순들은 불안으로 바들바들 떨고 있었다. 물새들은 내려앉을 곳을 잃어 공중을 배회했고, 옛이야기 속살대며 흐르던 여울조차 핏빛 울음을 속으로 삼키고 있었다. 그러나 언제나 그렇듯이 위엄을 지킨 채 어머니 강은 그 모든 것들 위로 하며 유장하게 흐르고 있었다.

세월이 지나 언젠가는, 아니 어쩌면 곧 저 시멘트 보를 해체하느라 또다시 돈을 쏟아붓고 법석을 떨 후손들의 모습이, 아니 그들의 원망이 눈에 보이는 듯했다. 아, 어쩌다 우리 시대에 이런 끔찍한 국토 훼손이 벌어진 걸까. 부끄럽고 바보스러운 이 과오를 어떻게 하면 막을 수 있을까. 집으로 돌아오는 버스 안에서 어두워가는 차창 밖 하늘을 바라보며 내내 생각했다.

강의 무릎에 무릎베개하고

김현

강을 걷다 보면 안다. 강을 따라 걷는 일이 곧 강과 구름과 바람과 햇볕과 사람이 쓴 이야기들을 두루 읽어내는 일이라는 것을. 그리하여 강을 잃는 일이 강만을 잃는 일이 아니라는 것을.

칠월 십칠 일과 십팔 일, 강에 대한 말들이 지금처럼 진부하지 않았던 때를 떠올리며 밑줄을 긋듯 낙동강을 걸었다. 가장 황폐한 곳에서 가장 아름다운 이야기를 가져올 수는 없을까. 그 강의 문장을 읽어오는 것만으로 강의 존재 이유를 침울하지 않게 증명해 보고 싶었다. 그러나 흐르는 강물을, 뜨거운 모래밭을 걸으며 목격한 참혹한 풍경 앞에서 그 바람은 쉽지 않았다. 북북 찢긴 자연 앞에 선 자가 누군들 그 오만을 고발하고 싶지 않겠는가.

추함을 말하기 위해 아름다움을 말하는 것, 추함을 추하다고 말하는 것 사이에서 더불어 오래도록 앓을 강의 시간을 가지고 나는 돌아왔다. 그 축축한 시간 속에서 며칠 근육통을 앓았다. 강을 읽고, 강을 잃고, 강을 앓는 시간을 거꾸로 돌릴 수는 없을까. 죽은 결론을 고쳐 쓰며 다시 시작을 향해 쓰이는 책, 그것이 강이 될 수는 없을까.

지금부터 내가 하려는 이야기는 그 시간으로부터 온, 그날 그곳에서 보고 들은, 강의 입을 따라 흐르고 흘러 골골샅샅이 구전口傳되는 이야기들의 일부이다. 삽질 중장비질에 여념이 없는, 귀 막고 눈 가린 그들이 듣도 보도 못한, 하물며 상상조차 해보지 못했던 이야기. 나와 당신들이 어쩌면 잠자코 잊고 있었던 강의 서사. 자, 강의 무릎에 무릎베개하고. 옛날 옛날에, 아니 지금 지금에.

달의 뿌리

낙동강 사업 39공구 주변 마애리 마애습지가 달이 뿌리를 내린 곳이라는 걸 아는 사람은 많지 않으나, 그 동네 아낙들은 보름이 되면 배가 부른 달의 빛을 받아 유달리 노른자가 짙어진 계란후라이꽃을 보러 삼삼오오 밤마실을 나온다. 그녀들이 안 계시면 후라이 깔깔깔 강변을 거닐 때 아가미에 달빛을 머금은 물고기들도 휘영청 떼를 지어 산책하니, 실은 밤물결 위에 뜬 달은 그 물고기들의 아가미에서 빠져나온 둥근 숨소리다.

배롱바람간지럼나무

낙동강 준설 사업이 진행 중인 병산서원 앞 배롱나무 총각들은 유달리 매끄러운 피부 때문에 간지럼을 잘 타니, 이를 잘 아는 처녀바람들은 그 병산서원 앞을 지날 때면 쉬이 스쳐 지나가지 않고 그 숱한 총각들의 겨드랑이를 살곰살곰 간질이며 머물다 간다. 하여, 한 달포 이 배롱나무 총각들의 목젖 빛이 가장 붉어지는 때에 이들을 일러 부르길, 배롱바람간지럼나무라 한다. 그즈음 동네 시집가고 장가드는 처녀 총각들이 많은 게 꼭 이와 관련이 있는 건 아니다.

온밤이꼬박고라니

영주댐이 들어서면 사라질 내성천 강변에 가보면 별모양 자국들을 많이 볼 수 있는데, 달리기를 좋아하는 온밤이꼬박고라니 떼가 온밤을 꼬박 새우며 달려 만든 발자국들이다. 이 온밤이꼬박고라니 떼가 또르륵 또르륵 소리를 내며 밤을 달릴 때 휘청휘청 물억새에 맺힌 초록 물방울들이 모래밭으로 후두두두두두 떨어져 내려 온밤이꼬박고라니 떼들이 곤히 잠든 강변의 새벽은 푸른 물이 든 별밭이 된다. 모두 잠든 후에 별밭 억새 사이에서 뜨거운 역사가 이루어지는 건 사람만의 일이 아니다.

암수달 병법

청강清江부대가 투입된 낙동강 35공구를 오래전부터 지켜온 것은 암컷 수달들로만 이루어진 암수달자매회이다. 암수달자매회는 물속 골목길을 훤히 꿰뚫고 있어 적의 옆구리를 찌르는 선제공격에 능숙하니, 《손녀병법》에 보면 이러한 암수달자매회의 물길 병법을 활용한 병술이 자세하지 않게 기록되어 있다. 저녁 강가에 앉아 흐르는 강물을 가만히 바라보고 있노라면 이 암수달자매회들의 사통팔달 물길이 물 위로 두둥 실실 떠오른다.

보랏빛 낙조

부릴 땅을 다 내어주고 보상금으로 생계를 꾸리고 있는 낙동강 갈밭 내외가 요즘 들어 매일 저녁밥을 먹고 경천대 강변에 죽은 듯 나앉는 것은 낙조를 보기 위해서다. 풍덩풍덩 물수제비를 뜨며 어둑어둑한 마음을 건너가는 몽돌들이 하나둘 물속으로 가라앉을 때 낙조는 고요히 태백의 검은 바람을 물고 와 보랏빛 날개를 가지런히 모으고 물 위로 내려앉는다. 이 보랏빛 낙조가 종종 벌레 대신 물고 가는 것은 사람의 혼이다.

강이 사라지면, 이제 우리는 어디로 가서 말랑말랑 순해진 귀를 열고 저 달뿌리풀배롱나무고라니수달낙조사람의 이야기를 들어 올 수 있을까. 강의 쓸 권리를 생각한다. 강이 강 자신만의 이야기를 있는 그대로 표현할 자유에 대하여. 그리고 내가 읽고 싶은 강은 그들이 제멋대로 지우고 다시 쓴 심의된 강이 아니라, 강이 강처럼 흘러 쓴 강의 이야기다. 그러므로 나는 그들에게 마땅히 요구한다. 나에게 강의 원본을 돌려 달라. 나에게는 강의 원본을 읽고, 쓸 권리가 있다.

이번 문화예술인들의 낙동강 도보 순례의 앞서거니 구호는 '강은 강처럼 흐르게 하라' 였고, 뒤서거니 구호는 '공무도하公無盜河, 우리에게서 강을 뺏어가지 마세요, 아저씨' 였다. 자연의 본래 이야기가 굳이 지워진 빈 페이지의 세계가 얼마나 황폐하고 심심할지, 생각을 좀 하세요. 아저씨.

첨언

강을 걸으며 들었던 사람의 말. "이명박 대통령께서는 동화를 참 안 읽나봐요." 동화책은 어린이들만, 어린 시절에만 읽는 게 아니다. 동화적 상상력이 결핍된 어른들이 자연을 가지고 할 수 있는 건 자르고 뽑고 갈아엎고 쫓아내는 것뿐이다. 동네 놀이터에 한번 나가봐라. 꼬맹이들은 이렇게 자연과 사귀며 논다. 여우야. 여우야, 뭐하니? 밥 먹는다. 무슨 반찬, 쥐새끼 반찬. 죽었니? 살았니? 죽었다!

내 유년의 강, 명포를 추억하며

박정애

우리 어머니 택호는 명포댁.

당연히 명포엔 어머니의 친정이자 우리 사남매의 외가가 있었다. 숲으로 둘러싸인 아버지의 동네 숲실과 달리, 지형이 양지바른 포구 같아서 명포明浦라 불렸던 외가 동네에는, 배들이 들락거리는 포구는 없어도, 금모래가 빛나고 예쁜 조약돌이 널린 강변과 숱한 생명을 품고 밤이나 낮이나 흐르는 얕은 강이 있었었다.

명포에서 어머니는 초등학교만 졸업하고 열세 살 때부터 집안 살림을 도맡았다. 어머니의 어머니, 그러니까 우리 외할머니가 녹내장으로 실명하는 바람에 맏딸이었던 어머니가 부모를 봉양하고 어린 동생들을 수발해야 했던 것이다. 어머니는 솜씨 좋고 부지런하고 착했다. 가모家母의 빈자리가 느껴지지 않도록 동네 이장인 외할아버지의 손님들을 접대하고 상급 학교에 진학한 아우들을 바라지했다. 외할아버지는 그런 어머니를 언제나 자랑스러워했다.

"큰아(맏이) 쟈는 갱빈(강변)에 내삐리놔도 잘살 그릇인 기라."

숲실이 강변보다 척박한 곳이었을까.

첫아들을 낳은 지 얼마 되지 않아 어머니는 결핵 뇌막염이라는 중병에 걸렸다. 어린 아들은 엄마, 엄마, 엄마를 찾아 울어댔고 병원에서는 돈, 돈, 돈을 불러댔다. 돈도 없고 의지도 박약했던 아버지는 자신의 불운을 술로 달랬다. 고생만 시킨 맏딸이 시집가서도 고생바가지를 차고 사는 꼴이 늘 안타까웠던 친정 부모가 나서서 병원비를 주선하고 정성스레 약시시를 해댄 끝에 어머니는 꼬박 3년 동안의 투병 생활을 끝낼 수 있었다.

고관절이 굳어 절룩거리기는 했어도 어쨌든 살아서 숲실로 돌아온 어머니는, 딸 둘을 잇달아 낳았다. 아버지는 술독을 끼고 살았고 어머니의 삶은 여전히 힘겨웠다. 바로 옆에 큰집이 있고 앞집, 뒷집이 다 일갓집이었지만 우리 어머니가 도움을 청할 곳은 명포 친정밖에 없었다.

막내를 임신한 어머니는 딸들 중 하나를 친정에 맡기기로 했다. 어머니의 가방은 무거웠다. 두 딸의 옷가지, 둘째 딸의 기저귀, 늙으신 부모님께 드릴 알사탕 두 봉지, 양말 두 켤레, 참기름 한 병, 인절미 한 고리……. 버스 기사와 안내양은, 요금 안 내는 어린애들을 달고 무거운 짐까지 인 어머니 같은 승객을 제일 싫어했다. 어머니도 당신 요금만 달랑 낸 것이 죄스러웠던지라 연방 고개를 조아리며 딸들과 짐을 챙겼다.

나는 멀미를 심하게 했다. 동생은 어머니한테 착 달라붙어 조금도 떨어지려 하지 않았다. 날은 더웠고 승객들은 담배 냄새, 땀 냄새, 방귀 냄새, 똥거름 냄새, 곰팡이 냄새 따위 갖은 불쾌한 냄새를 풍겼다. 나는 참다 참다 못 참고 덕산 마을회관에서 버스를 기다리며 먹은 인절미를 남의 보따리 위에 고스란히 게워내고 말았다. 보따리 주인과 안내양이 들입다 소리를 질렀고, 다른 승객들도 혀를 차거나 눈살을 찌푸렸다. 어머니는 또다시 죄인처럼 굽실거리며 동생의 광목 기저귀를 꺼내 토사물을 닦았다. 어머니에게서 떨려난 동생이 불에 덴 것처럼 울어댔다. 버스 기사가 짜증을 냈다.

"거, 언나 쫌 달개소(달래요). 정신 시끄러버가 운전을 할 수가 있나, 에이."

나는 콧구멍을 차창으로 밀어냈고 어머니는 당신의 젖으로 동생의 입을 틀어막았다.

그러구러 동곡 정류장에 다다랐다. 어머니는 나에게 보따리를 맡기고 동생을 업은 채 화장실에 갔다. 나는 혹여 어머니가 나를 버리고 도망갈까봐, 짐 보따리를 꼭 끌어안고 기다렸다. 석유 기름내와 지린내가 뒤섞인 정류장 특유의 냄새에 나는 또 욕지기를 느꼈고 울고 싶었다. 나는 화장실로 쫓아가 어머니를 부르고 싶은 마음과 짐을 지켜야 한다는 마음 사이에서 수백 번도 더 갈등했다.

어머니는 결국 나타났다.

그리고 정류장을 나와 교회와 국숫집과 점방과 학교를 지나 마침내 명포, 금모래가 빛나는 강변에 이르렀다.

"보따리 지키고 있어라. 저짝에 동생 니라놓고 오꾸마."

어머니는 짐을 내려놓고 포대기를 추스른 다음, 동생의 엉덩이를 뚜덕이며 행여 미끄러운 돌멩이를 밟고 넘어질까 조심, 조심, 강을 건넜다.

어머니가 시야에서 멀어질수록 강물 흐르는 소리가 괴물의 울음소리로 바뀌어 커졌다. 강물이 어머니를 삼킬 것 같았고 어머니가 동생만 데리고 도망갈 것 같았다. 나는 짐 보따리를 붙들고 하염없이 흐느꼈다. 어머니가 점처럼 작아져 눈 앞에서 사라지자, 나는 그예 짐 보따리를 버려두고 강물에 한쪽 발을 담그기도 했다. 하지만 다섯 살배기 산촌 아이였던 나한테 물은 낯설고 무서웠다. 나는 한 발은 강물에 담그고 한 발은 모래밭에 얹은 채 이러지도 저러지도 못하고 울기만 했다.

어머니는 결국 나타났다.

어머니 등에 업혀 건너는 강물은 졸린 듯 금비늘, 은비늘을 뒤챘고 고즈넉이 흘렀다. 그보다 더 아름다운 풍경을 나는 그때도 지금도 알지 못한다.

동생은 강 건너 능금밭 자갈길의 포플러나무에 포대기 끈으로 묶여 악머구리처럼 울고 있었다.

"동생 지키라. 보따리 갖고 오꾸마."

어머니가 절룩절룩 멀어져갔다. 나는 상큼한 사과 향내를 들이마시고 담장 높은 내시가內侍家의 속내도 궁금해 하고 과수원집 마당의 꽃밭도 둘러보았다. 어머니가 설마 나와 동생, 둘 다를 버리랴 싶었다. 까짓 동생이야 울건 말건 나하고는 상관없었다.

돌아온 어머니가 짐을 내려놓고 동생을 업고 다시 짐을 이었다. 나는 어머니 치마꼬리를 잡고 걸었다.

"옴마, 아부지요!"

어머니가 대문간에서 목청을 높였다. 지게문이 벌컥 열렸다.

"아이고, 이기 누꼬? 박실이 아이가?"

전화가 없던 시절이라 어머니의 방문은 언제고 예기치 않은 것이었다. 외할머니는 거친 손바닥으로 어머니의 이마와 뺨과 콧방울과 턱을 어루만지며 우셨다.

"쪼매만 기다리라. 내가 얼릉 밥상 채리오께."

"마 놔뚜소. 내가 한 숟가락 챙그리 묵으마 되제, 말라꼬 옴마가 하실라 카는교?"

"아이고 야야. 내가 니를 중핵교도 안 보내고 십 년을 살림시키묵다가 남으 집에 보냈는 것도 인자사 돌아보마 마음 아파 죽겠는데, 이래 친정이라꼬 댕기러온 니를 우째 또 시키묵겠노. 인자는 눈 어둡은 것도 익숙해져가 괘안타. 고만 뜨듯한 데서 등더리나 찌지거라."

할머니는 기어이 어머니를 안방에 눕혀놓고 더듬더듬 쌀을 씻어 밥을 안쳤다. 뜸이 질 때쯤 밥 위에 우엉 이파리와 강된장 종지와 달걀찜 종지를 얹었다. 거기다 김치 한 보시기를 보태어 외할머니가 상을 봐오면, 우리 세 모녀는 자다 일어나 밥을 먹었다.

외가에 머문 사흘 동안, 어머니는 우리 자매 중 누구를 외가에 맡길까 이리저리 저울질했다. 어머니는 끝내 나를 점찍었다. 어머니가 잠깐만 제 눈 앞에서 사라져도 숨이 꼴딱꼴딱 넘어가도록 울어 젖히는 동생을 놔두고 갔다간 무슨 사달이 나도 날 것 같았나 보았다.

사흘 후, 어머니가 버스에 올라탔다. 동생을 업고 외할머니가 싸주신 보따리를 이고…….

나는 그때서야 동생처럼, 악을 쓰고 울며불며 엄마한테로 달려갔다. 하지만 외할아버지가 당신 두 팔로 내 사지를 결박해버렸다.

"일 년 뒤에 오꾸마. 갓난쟁이 동생 한나 더 데불고 올 끼다. 위할배, 위할매 말씀 잘 듣고 심부름도 잘하고……. 알었제? 일 년 뒤에 보재이."

어머니가 버스 차창을 붙잡고 외쳤다. 나는 우느라고 아무 말도 하지 못했다.

일 년 후의 어느 여름날 느지막한 오후, 나는 늘 하던 대로 바가지 하나를 들고 명포 물가로 나갔다. 저녁 국거리로 쓸 고디, 표준어로는 다슬기를 주워야 했다. 고디는 흔전만전 널려 있었다. 뽀얗게 국물이 우러날 때 텃밭에서 뜯은 부추를 뿌려 끓인 고디국은 만날 먹어도 맛있었다.

나는 금세 한 바가지를 주워놓고 얕은 물속에 당그랗게 떠올라 있는 당글바위 위에 엎드렸다. 뜨겁게 달궈졌다 알맞추 식은 바위는 어머니 등판 같았다. 눈을 감으면, 이 세상에는 오로지 내 나른한 몸뚱이와 강물 흐르는 소리밖에 존재하지 않았다. 실제로는 강물이 흘러가는 것이었지만, 내가 바위를 타고 떠내려가는 느낌이

들었다. 나는 옛이야기에 나오는 연오랑과 세오녀처럼 바위를 타고 떠내려갔다. 한없이, 한없이, 떠내려가다 보면, 지느러미를 가진 사람 물고기들이 나타나 퍼덕거렸다. 그들은 사람 사는 땅이 너무 슬퍼서 물속으로 들어가 물고기가 된 종족이었다.

엄마가 올까.

그럼, 오지. 오고말고.

엄마가 올까.

그럼, 오지. 오고말고.

꿈속에서인 듯 찰방찰방, 찰박찰박, 물을 건너오는 발소리가 들렸다.

엄마가 올까.

그럼, 오지. 오고말고.

"거, 누고?"

목소리가 생생했다. 꿈이 아니었다. 나는 눈을 떴다. 저 멀리, 아이를 업은 여자가 다리를 절룩거리며 강을 건너오고 있었다.

"옴마."

"마침맞기 잘 만났다. 우리 큰딸이 일 년 새, 마이 컸데이."

어머니가 모래밭에서 포대기를 끌렀다. 나는 아기를 받아 안았다. 눈이 큰 아기가 나를 보고 방긋 웃었다.

"얼라가 순해갖꼬 벨로 안 힘들 끼다."

어머니가 둘째 딸을 데리러 저쪽 강변으로 갔다.

어머니는 결국 나타났고 나타날 것이었다. 나는 아기를 둥개둥개 흔들어주었다.

장마철에는 작은 배를 불러 건너기도 했던 강. 피라미며 송사리며 모래무지며 고디를 한정 없이 품고 있던 강. 헤엄 못 치는 어린이도 바가지 하나 꿰어차고 고디를 주울 수 있었던 친구 같던 강. 당글바위 위에 엎드려 눈 감으면, 흘러, 흘러, 인간 물고기(미야자키 하야오의 애니메이션, 〈벼랑 위의 포뇨〉를 보고, 한 번도 만난 적 없는 미야자키와 내가 물속 인간에 대해 그토록 유사한 상상을 했다는 사실에 놀랐었다)를 만날 수 있었던 강. 내 마음속에서 영원히 흐르는 유년의 강.

그 강은, 이제, 없다. 충충한 물을 가둔 운문댐이 있을 뿐이다. 깊이를 알 수 없는 운문댐은, 나 같은 사람한테는 접근 불가의 대형 수족관 같은 곳이다. 댐으로 바뀐 뒤, 나는 한 번도 명포에 가지 않았다.

비나이다. 비나이다. 하느님, 부처님, 단군 할아버지, 웅녀 할머니, 칠성님, 산신령님, 바리공주님께 비나이다. 두루두루 굽어살피시어 우리의 강들이 제 생김새대로 굽이굽이 흘러가게 하소서.

강 건너 세상은 뜨고 지고……
강 따라 사람도 살고 지고

신경림

내가 강을 처음 본 것은 초등학교 3학년이 되어서다. 이번 봄에는 강으로 소풍을 가기로 했다고 담임 선생님이 말했을 때 교실은 온통 환성과 박수로 법석이 벌어졌다. 우리 마을에서 강까지는 이십여 리 떨어져 있어 그때까지 강을 구경한 아이가 많지 않았던 것이다.

소풍날이 되어 한나절 걸어가 고개에 올라서니 새파란 강물이 발아래로 내려다보였다. 강 언덕에는 희뿌연 살구꽃이 줄지어 만발해 있고, 나룻배가 꽃그늘 속을 미끄러지듯 가고 있었다. 강 건너로는 양철 지붕의 이층집이 즐비하게 서 있었다. 지금의 목계다. 나는 지금도 강 하면 새파란 물줄기와 함께 살구꽃이 만발한 언덕이 떠오르고 나룻배와 양철 지붕의 이층집들이 생각난다. 이후 강가의 이층집들이 즐비한 마을에 가 사는 것이 내 꿈이 되었다.

본격적으로 강과 가까워진 것은 중학교에 들어가서부터다. 나는 시골집을 떠나 읍내의 고모 댁에 기숙했는데, 넉넉지 못한 고모를 위해서 주말마다 한 말씩의 쌀과 몇 가지 찬을 가져다주지 않으면 안 되었다. 그래서 토요일 집에 왔다가 일요일날 쌀 한 말과 찬을 지고 돌아가는 일이 주말의 행사가 되었다. 나루를 건너고 강을 따라가는 오십 리 길이었다. 일요일 읍내에 도착하면 점심때가 훨씬 지나 있는 가깝지 않은 거리였지만, 조금도 고되게 느껴지지 않았던 것은 강을 끼고 걷는 길이 많았던 까닭이 아니었나 싶다.

우선 나루가 좋았다. 우리가 건너야 할 강물은 탄금대 합수머리를 형성하는 달래강 줄기로 넓지 않았지만, 배는 군용 트럭이며 지프도 실어 나르는 큰 배였다. 사공은 늙은 사공과 젊은 사공 둘로서, 젊은 사공이 늙은 사공의 조수였다. 늙은 사공은 늘 취해 있었고 너무 취해 삿대를 강물에 빠뜨리는 일조차 있었지만, 절대로 젊은 사공 혼자서 배를 부리게 두지는 않았다. 그는 사람들이 한 배 차기를 기다려 건너편 주막에서 술을 마시며 앉아 있곤 했는데, 소리도 잘하고 얘기도 잘하는 그를 싫어하는 사람은 없었다. 그들을 위해서 배를 이용하는 인근 주민들은 집집이 가을이면 쌀 한 말, 여름이면 보리 한 말씩을 갹출했다.

가장 장관은 뗏목이었다. 이른 여름 또는 늦가을의 농한기가 뗏목이 내려가는 철이었는데, 한 대가 내려가는가 싶으면 두 대 세 대가 그 뒤를 따랐다. 다섯 대 여섯 대 혹은 열 대 스무 대가 앞서거니 뒤서거니 내려가는 모습은 정말 장관이었다. 사공은 보통

앞뒤로 하나씩 둘이었는데, 그들이 가고 있다는 것을 동네방네 알리기라도 하려는 듯 큰 소리로 노래들을 주고받았다. 앞사공이 부르면 뒷사공이 받고, 앞배에서 부르면 뒷배에서 이어 부르는 식이었다. 그들이 부르던 노래가 '정선아리랑'이었다는 사실은 그 뒤에 알았지만, 꾀꼬리 뻐꾸기가 간간이 장단으로 끼어드는 그 노래가 너무 좋아, 우리는 갈 길을 잊고 한참씩 멍하니 강 언덕에 서 있고는 했다. 뗏목 구경에 길이 늦어 집에 밤늦게 도착한 일도 한두 번이 아니다.

강가에는 탑, 마애불, 비석 같은 것도 많았다. 중앙탑(탑평리 7층 석탑)은 이미 그때도 널리 알려져 있어, 강이 내려다보이는 그 곳은 우리들이 가다오다 으레 한 번 쉬는 곳이었다. 도시락도 거기서 먹고 고구마 따위 군것질도 거기서 했다. 늘 함께 다니던 상급생 족형 중에 얘기를 좋아하는 사람이 있어 그럴싸하게 꾸며대던 탑에 얽힌 전설은 아직도 내 기억에 생생하다.

옛날에 두 나그네 중이 그곳에서 만났다. 인사를 하고 얘기를 하다 보니 한날한시에 하나는 의주에서 출발했고 하나는 동래에서 출발했다. 아, 여기가 우리나라 한복판이로구나, 그래서 탑을 세웠으니 그것이 바로 중앙탑이라는 것이었다. 국사학자가 되는 것이 꿈이었던 족형은 강 주위에 있는 성터에 대해서도 특유한 상상력을 발휘했는데, 말하자면 중앙탑에서 멀지 않은 곳에 강을 향하고 앉은 장미성과 보련성은 각각 독립된 국가였을 것이라는 따위다. 서로 싸워 마침내 장미성이 이김으로써 보련성은 더 흔적만 남고, 또 장미성은 뒤에 삼국 중 어느 한 나라로 통합되었을 것이라는 얘기다. 그는 또 고구려, 백제, 신라가 이 강을 차지하기 위해서 피 터지게 싸웠을 것이라는 얘기도 했는데, 물론 이 얘기는 그의 상상의 소산만은 아니었지만, 아주 실감나게 싸움의 현장을 재구성함으로써 길을 걷는 고됨을 덜어주었다.

중원 고구려비로 알려져 있는 비석이 세상에 알려지기 전이다. 늦은 아침을 먹고 출발해서 점심 전에 도착하는 강에 이르기 직전의 마을에 빨래터가 있었다. 빨래꾼이 없으면 잠시 냇가에 앉아 쉬곤 했는데, 족형이 눈여겨보는 돌이 하나 있었다. 저거 보라고, 무슨 글씨 같은 것이 안 보여? 그러나 그의 관심은 관심으로 끝났고, 십수 년 뒤에 그 돌이 남한에 유일하게 남아 있는 고구려의 비석으로 밝혀졌다. 초등학교 교사로 있던 그의 형은 그의 이런 쓸데없는 관심이 미워 그를 굳이 법과로 진학시켰고, 그의 상상력은 여기서 더 성장하기를 그쳤다.

중학교 시절 강촌에 가서 일주일을 보낸 일도 나는 잊을 수가 없다. 한때 나는 하숙을 했는데 동숙생이 강마을 아이였다. 강마을이 너무 가고 싶던 터라 여름방학이 되자 그 아이를 따라갔다. 제일 즐거웠던 일은 저녁에 얕은 여울에 어항을 놓았다가 새벽에 나가 어항에 가득 든 버들치, 모래무지, 메기 등을 한 망태 건져오는 일이었다. 때로는 그 애네 쪽배를 타고 강 건너까지 가서 어항을 놓았는데, 그 동네에 사는 다른 아이들이 어디에 놓으면 고기가 많이 든다고 알려주는 것이 보통이었다. 저 아이는 고모의 조카, 저 아이는 집안 형수의 동생, 이런 식으로 양쪽은 너무도 가까이 지내고 있었다.

하루 새벽에 어항을 건지러 쪽배를 타고 간 일이 있었다. 물풀 사이로 오리들이 도망치는가 싶더니 이윽고 자욱한 강 안개 속에서 배 한 척이 나타났다. 그물을 치러 나가는 배였다. 내 친구가 인사를 하자 상대가 큰 소리로 외쳤다. 늬 엄마 한번 다녀가라고 하거라. 그 친구의 외가가 건넛마을로, 강은 마을과 마을을 갈라놓는 것이 아니라 이어주었던 것이다.

이를테면 나는 강으로부터 세상을 배우고 강으로부터 문학을 공부했다. 강을 통해서 세상에 나가고 강을 통해서 사람을 만났다. 강이 내게는 길이요, 학교였던 것이다. 남한강은 물론 북한강, 낙동강, 영산강, 금강 그리고 압록강과 두만강까지 내가 열심히 강을 찾아다닌 것도 이런 연유에서다. 강은 사람과 마을을 막거나 가르지 않고 이어주고 안아준다는 사실도 강을 보고 다니면서 알았다.

마을과 사람들이 강을 닮고 강 또한 마을과 사람들을 좇아 산다는 것도 알았다. 사람들이 자기들 욕심에 그 흐름을 억지로 막거나 돌리면 강은 더없이 가난하고 초라해지며, 마을과 사람들도 더없이 가난하고 초라해진다는 현실도 보았다. 강은 강일 뿐 아니라 문화이기도 하고 역사이기도 했다.

한강과 낙동강을 잇는 대운하에 대한 논란이 영 수그러들지를 않는다. 그것이 대선 공약이었다는 명분을 버리기가 어려운 모양이다. 물류와 관광이 가져다주는 막대한 경제적 효과가 운위되지만, 더 많은 전문가들이 그것에 의문을 제기하는데도 말이다. 건설 경기를 크게 부양하고 대량으로 고용을 창출하는 반짝 효과는 있을 터이다. 그러나 강과 강을 무리하게 잇다 보면 강이 망가지고 국토가 파헤쳐지면서 문화와 역사도 파괴된다. 한 시대의 경제적 유혹에 몇백 년 몇천 년을 이 땅에서 살 후손들에게서 문화와 역사까지 빼앗는 결과가 된다. 덮었던 것을 벗김으로써 죽었던 것을 되살린 청계천 복원과는 질에서도, 수준에서도 다르다.

우리의 강과 땅이 이 시대를 사는 우리들만의 강과 땅이 아니고 천년 전부터 살아온 우리 조상들의 강이고 땅이며, 그들이 일궈온 문화며 역사요, 우리 뒤로 수천 년을 살 자손들의 강과 땅이라는 점도 깊이 생각해야 한다.

낙동강과 을숙도

이상섭

700리 낙동강 강물이 바다를 만나 서로 얼싸안고 만든 새들의 낙원, 을숙도. 을숙도는 새들의 공화국, 새들의 유토피아다. 그랬으니 일찍이 '동양 최대의 철새도래지'로 불렸고, 부산 시민은 그곳을 일러 '철새공화국'이라 명명했다. 철새를 유혹한 것은 갈대의 농염한 허리춤과 손사래였을 것이다. 갈대는 삼각주 지하 깊숙이 저장된 퇴적층을 자양분 삼아 단체로 허리를 세우니까. 원형으로 퍼져나가는 갈대의 뿌리는 새들의 먹이가 되고 숲은 은신처와 둥지를 틀 보금자리 구실을 한다. 그러니 얼마나 새가 많이 모였으면 하늘마저 새까맸다고 했을까.

사실 '낙동강 오리알 신세'라는 말이 생겨난 것도 을숙도다. 주인공은 '흰빰검둥오리'. 요놈은 원래 철새였지만 이곳의 풍부한 먹이로 인해 아예 텃새가 되어 주저앉아버렸다. 그 바람에 오리의 수가 얼마나 많은지 번식기가 되면 이곳 섬 일대가 오리알투성이였단다. 태풍이 닥치거나 물난리가 나는 경우, 둥지는 파손되어 알은 제 맘대로 굴러다닐 정도였다니 더 이상 말해 무엇 하겠는가.

하지만 새들의 낙원을 인간은 가만두지 않았다. 삼각주의 갈대를 베어내기 시작했고 주민인 새들에게 강제 추방 명령을 내렸다. 첫 명령이 발포된 것은 바로 일제 시대였다. 낙동강 하류는 동서로 흐르는 두 개의 물줄기로 형성되어 있다. 일본의 동양척식주식회사는 비교적 농토가 많은 서낙동강 하구 일대의 침수 지대에 제방을 쌓고 수문까지 달 계획을 세운다. 그리고 1931~1935년에 걸쳐 두 개의 수문을 완공한다. 그게 바로 대동(대저)수문과 녹산수문이다. 이 두 수문으로 인해 낙동강 하류의 물줄기는 확, 휜다. 서낙동강의 물이 수문에 의해 막히면서 동낙동강으로 흘러드는 것이다. 그 결과, 동낙동강 하류 지역에 천태만상의 하중도와 모래톱이 다시 형성된다.

다행히 을숙도는 동낙동강 하류의 삼각주로, 일제의 강요에 의한 근대의 삽날은 피했다. 하지만 새들이 안도의 한숨을 쉰 것도 잠시였다. 부산시에서는 1970년대에 분뇨 처리장을 건립하겠다고 발표한다. 하천은 국유지였으므로 몇 안 되는 주민과 경작지에 제대로 보상을 해줄 리 없었다. 그러니 숭어와 장어를 잡던 그물이며 배는 오죽하겠는가. 주민들은 '철'새와 같은 '철' 자 돌림의 '철'거민이 되고 만 것이다. 이후, 을숙도 일대는 구린내가 진동하는 땅으로 전락하고 만다. 연이어 쓰레기 매립장까지 들어선다. 그래도 철새는 제 터전을 포기하지 않았다.

하지만 새들을 영원히 추방하려는 무시무시한 적 앞에서는 저항의 날갯짓도 멈출 수밖에 없었다. 그게 바로 '낙동강 하구언 둑'이다. 1983년 4월 23일에 기공해 기어이 1987년 11월 16일에 완공된 대형 시멘트 말뚝! 아니, 시멘트 바리케이드! 개발과 보존이라는 대립된 시각을 가지고 무려 13년간이나 치열한 공방전을 펼쳤지만 허사였다. 아마 중동 사막에서 돌아온 건설 장비를 놀릴 수는 없었을 것이다. 부산 시민의 식수원인 물금양수장까지 밀려오는 바닷물의 역류 방지와 농작물의 염해를 막자는 명분을 갖다 붙인 중앙 중심적 '악개발' 논리는 결국 부산 시민의 숙원 사업이라는 가면을 쓴 채 '낙동강 항문 막기 공사'를 강행했다. 그리고 끝내 '물의 감옥'을 만들었고, '강의 죽음'을 야기했다.

물빛은 오염의 정도를 나타내기 마련이다. 보라, 물빛이 얼마나 탁한가. 개발을 정당화하며 쫑얼거리던 '새와 갈대가 밥 먹여주냐?'는 말. 그런데 순천만을 보시라. 정말 새와 갈대가 밥을 먹여주고 있잖은가. 그런데도 한 치 앞을 내다보지 못하고 새들의 낙원인 을숙도를 파괴하다니. 새와 갈대, 물고기가 살지 못하는 땅에는 인간도 살지 못한다. 강과 물은 '한 몸'이다. 그런데 강과 물을 생이별을 시켜놓았으니 어찌 되겠는가. 죽은 조개를 먹은 새가 연쇄적 죽음을 맞이하고, 죽음의 강물을 마신 물고기마저 기형이 되거나 폐사하면서 인간도 죽음의 물살에 휩쓸리지 않겠는가. 하여 을숙도는 '죽음의 땅', 아니 '죽임의 땅'이 되었다. 10개의 수문을 갖춘 하구언은 개방을 가장하고 있지만 이제 이곳은 물의 자유로운 흐름을 통제하는 공동묘지로 전락해 '낙동호수'가

되었다. 더군다나 물의 흐름은 자연 수로 내의 모래 퇴적층을 만들어 사상沙上 등지는 상습 침수 지대라는 누명까지 덮어썼다. 신장환자가 피 투석으로 연명하듯, 낙동강은 끊임없이 강바닥을 준설해야 겨우 목숨을 유지하는 운명이 된 것이다. 뿐인가. 을숙도를 가로지르는 명지대교 교각까지 '괴물 허수아비'로 합세해, 얼마 남지 않은 철새까지 내쫓고 있는 실정이다. 그래놓고도 매립된 곳에 다시 유채꽃 단지, 골프 연습장, 영화 촬영소가 들어서면서 을숙도는 위락 단지로 '역진화'하는 중이다.

서낙동강에 이어 동낙동강마저 하구언에 의해 막혀 변비 환자가 되면서 을숙도를 찾는 새의 수도 현격히 감소해버렸다. 10년 사이에 1/10로 줄었고, 철새들은 이제 급히 서해안의 천수만과 아산만, 금강, 만경강 등으로 비상 유턴을 감행하는 중이다. 그럼에도 을숙도에는 이 외에 하구언을 관리하는 수자원공사 건물과 물문회관, 조수치료센터, 을숙도 문화회관, 만남의 광장 등의 건물이 들어서고 있다.

하지만 지금이라도 늦지 않았다. 중병 신세라도 강이 완전히 죽은 것은 아니기 때문이다. 을숙도 남단의 갈대숲은 아직 자연 상태 그대로다. 부산 시민은 이곳만은 살리고자 애썼다. 그래서 환경에 대한 경각심을 일깨우고자 부산시를 설득, 에코센터를 건립하기에 이르렀다. 한데 그렇게 시민단체가 애써서 살려놓은 갈대숲마저 '4대강 살리기 사업'으로 절반을 잃어야 할 상황이라니. 참, 해도 해도 너무한다.

*

한때 을숙도는 강과 바다가 만나 잉태한 푸른 삼각형이었다. 자연이 빚은 한 폭의 푸른 수채화. 하여 낙동강과 을숙도는 부산 시민들에겐 꿈의 보고였다. 을숙도 낙조를 배경으로 화려하게 비행하던 철새의 군무를 보면서 부산 시민들은 아늑함에 젖기도 했다. 그만큼 낙동강은 부산의 젖줄이요 을숙도는 어머니의 품속 같았다. 사람들은 틈만 나면 그곳을 찾았으며, 갈대숲 사이를 거닐며 미래를 고민했다.

특히 독재 시절에는 전 국민의 희망지이자 저항의 상징 공간이기도 했다. 낙조를 '백' 삼아 하늘을 날던 새들의 군무. 박정희 정권의 서슬 퍼런 억압 때만 해도 얼마나 부러운 '자유' 였던가. 황지우의 시구처럼, 극장 안에서 자유를 억압당하고도 무기력하게 자리에 주저앉는 경험을 하지 않았던가. 그러니 우리는 다시 이곳의 과거를 되새기면서 미래를 고민해봐야 한다. 저항의 진지를 다시 구축해야 한다. 비록 어머니 살 속 같은 모래펄도 밟으면 검은 물이 찌익 올라올 정도로 상하고 말았지만, 그래도 우리는 을숙도를 잊어서는 안 된다. 남아 있는 희망을 위해서라도 을숙도의 현실을 직시해야 한다.

을숙도는 우리들의 정서적 안식처이자 희망이다. 희망을 포기하기에는 아직 늦지 않았다. 강은 모성이다. 모든 생명을 포용하는 너그러움, 그래서 강은 어머니의 품이다. "속절없이 하구언에 갇혀서 통곡 한번 못하고 썩어만 가는 저 눈물의 흰 뼈를 보라" 고 이상개 시인이 외치는 것도 어미 같은 이곳을 더 이상 잃고 싶지 않아서다. 강이 죽으면 우리도 죽는다.

돈으로 할 수 없는 것을 배우라

이시백

여주는 내 고향이다.

고향을 생각할 때마다 가장 먼저 떠오르는 것은 여강驪江이다. 유난히 차멀미가 심했던 어린 시절에 세 시간은 족히 걸리는 시외버스에 흔들리며 간절히 기다리던 것은 여강이었다. 뽀얗게 먼지를 뒤집어쓴 양버즘나무들이 늘어선 신작로에 물릴 무렵이면 아침에 까먹은 삶은 계란이 목까지 넘어오면서 멀미는 절정에 달했다. 그렇게 초주검이 되었다가도 멀리 여강이 보이고, 읍내로 건너가는 다리를 지날 때면 나는 기를 쓰고 차창으로 목을 내밀어 기어코 여강의 푸른 물을 내려다보아야 했다. 그때서야 비로소 고향에 돌아왔다는 안도감과 함께 그 지겨운 멀미도 이내 가라앉았다.

읍내에서 한 마장쯤 떨어진 고향 마을 앞에는 개울이 흘렀다.

이른 봄이면 연분홍 복사꽃이 물 위에 둥둥 떠내려오고, 빨랫돌 밑에 숨어 있는 구구리를 움켜잡던 개울이었다. 장마가 지면 불거지나 누치, 마자들이 강에서 올라와 관솔불을 켜 들고 그걸 잡던 기억이 새롭다. 개울 옆에는 동차라고 불리던 수려선水驪線 협궤 열차가 이따금 서던 간이역이 있었지만, 서는 것보다 그냥 지나치는 일이 더 많을 만치 한적하기만 했다. 기차가 흘리고 간 조개탄을 줍다가 더우면 쑥으로 귀를 막고 언제나 뛰어들어 자맥질을 하던 작은 개울이었지만, 실낱같은 물줄기를 따라 내려가면 어미 같은 여강에 이르렀다. 큰물이 나서 개울가에 매어놓았던 소가 떠내려가도 어른들은 으레 여강으로 달려갔고, 여강은 큰물이 나면 실올 같은 개울을 잊지 않고 참게며 잉어를 올려보내 그 언저리에 붙어 여름내 푸성귀만 뜯던 사람들에게 모처럼 비린 찬을 밥상에 오르게 했다. 물것이 지분거려 잠을 설치는 여름밤이면 개울로 달려가 별들이 자박거리는 물에 풍덩 멱을 감았는데, 여자들은 윗녘에서 남자들은 아래로 내려갔다. 내가 좋아하던 방앗간집 영미 목소리가 들려오던 물싸리 어둑한 개울가에서는 박하 향이 풍겼다. 서늘하니 식은 몸을 멍석 위에 뉘고 가만히 눈을 감아도 골골거리며 흐르던 물소리는 밤새 따라다녔다. 그런 밤이면 낮에 고무신에 넣어두었다가 놓아준 피라미나 송사리들이 고래만큼 자라서 여강을 힘차게 헤엄쳐 다니는 꿈을 꾸곤 했다. 여강은 그렇게 내 유년의 꿈이었고, 잊을 수 없는 고향의 추억이었다.

오랜만에 고향을 찾았다.

4대강 공사로 시끄럽다는 여주를 찾는 내 마음은 남다를 수밖에 없었다. 처참하게 파헤쳐진 강의 어느 한 곳인들 어린 시절의 기억이 아련하지 않은 곳은 없었다. 동무들과 어울려 솥을 걸고 천렵을 하던 신륵사 앞의 '금모래 은모래'는 흉측하게 파 없어졌고, 사촌과 소를 데리고 나가 풀을 뜯기던 강천의 갈밭은 거대한 보가 가로막고 있다. 밤에도 잠을 안 자고 강바닥을 파헤친다더니 급기야 바위를 드러내고 있었다. 강이 속살을 헤집어 뼈를 드러낸 기분에 소름이 돋았다.

복숭아를 사려고 보리쌀 되들이 자루를 짊어지고, 숙부의 자전거 뒤에 얹혀 달구고개를 넘자면 호젓이 내려다보이던 삼합리에 이르렀다. 강원, 충청, 경기의 바람과 물이 한데 섞이는 그곳은 가만히 되뇌기만 해도 설핏 눈물이 날 것 같은 부론, 귀래, 목계 같은 정겨운 지명들을 여전히 거느리고 있었다. 그러나 갈숲에 깃든 어린 새들이 울어대고, 충주를 지나온 물들이 모래톱에 켜켜이 금가루 은가루를 쌓던 강의 풍경은 어디에도 없었다. 폭격이라도 당한 듯 강은 마구 파헤쳐진 채 굴삭기와 덤프트럭이 요란한 굉음을 울리며 함부로 강심을 헤집고 있었다.

도대체 누가, 누구를 위하여 이런 짓을 하고 있단 말인가. 높다란 입간판에는 "생명이 깨어나 사람과 자연이 함께하는 한강"이라고 버젓이 적혀 있었다. 멀쩡히 흐르는 강을 가로막고 파 없어 강을 살리겠다는 이 오만한 말을 어떻게 받아들여야 할까.

이 말도 안 되는 말을 말이 되게 하려고 엄청난 돈을 퍼붓는 모양이다. 제 돈이라면 한 푼도 내어 쓰지 않을 돈으로 사람들의 입을 싸 바르며, 제 권좌의 표와 강을 맞바꾸려 하고 있다. 여주군의 일 년 살림보다 더 많은 돈을 풀 것이라는 너스레로 주민들의 마음을 현혹하고 있다. 이따금 물새가 외다리로 서서 한가로이 졸던 강가에 투기꾼들이 모이고, 뜬소리들이 여기저기 돌아다니며 사람들 마음을 어지럽힌다. 이제는 집안네가 모여도 '4대강' 이야기를 쉽게 내놓지 않게 되었다.

물 건너 북내면에 사는 집안의 아재는 지역이 개발되고 발전한다는 말에 반색을 하고 나섰다가 막상 산처럼 쌓아놓은 토사에서 흘러나온 물이 논으로 스며들어 농사를 망치고서야 "옘비할 놈의 4대강"이라고 툴툴거렸다. 집안네라고 모두 생각이 같은 것은 아니다. 4대강 공사를 앞두고 보상으로 한몫 잡으리라는 생각에 어부 허가증을 웃돈 주고 사놓은 사촌은 텔레비전에서 4대강 반대 집회 장면만 나와도 앙앙불락 얼굴을 붉혔다. 언젠가 두 사람이 한자리에 모여 4대강을 화제로 삼다가 언성을 높인 뒤로는 집안네들이 모여도 4대강의 '4' 자도 꺼내지 않게 되었다. 멀쩡히 흐르는 강을 가로막더니 그 언저리에 기대어 살던 사람들의 마음마저 가로막아버렸다.

당장은 엄청난 돈을 퍼부어 꾸미고 단장하니, 그 꽃밭이며 자전거길이며 우선 보기는 좋을 것이다. 그러나 그 돈은 누가 내며, 언제까지 내야 할 것인가에 대해서는 아무도 말하지 않는다. 밑

빠진 독에 물 붓듯이 해마다 심고 가꾸어야 할 조경 사업에 끝없이 돈을 퍼부을 만큼 나라 살림이 항상 여유롭지는 않을 것은 명약관화한 일이다. 그저 제가 권좌에 앉아 있을 동안만 생색을 내면서, 백성들은 제 닭 잡아 잔치 벌이는 줄도 모른 채 엉겁결에 관광버스 대절해서 놀러와 기념사진이나 찍고 돌아가면 된다고 여기는 것은 아닐까.

요즘 들어 할 말이 궁해지면 '녹색 성장' 이란 말을 피마 궁둥이 둘러대듯 한다. 녹색이 발을 구르며 화를 낼 일이다. 어디서 주워들었는지는 모르겠지만, 녹색 성장이니 생태 환경을 걸터듬어 감히 강을 살리겠다고 주절거리는데, 무엇이 강인지, 자연이 무엇인지부터 배워야 할 것이다. 자연은 스스로 태어나 스스로 살아가는 것이며, 사람이 돈을 들여 꾸며 만든 것은 인공이라는 것쯤은 초등학생들도 아는 사실이다. 로봇 물고기가 돌아다니는 강이 '녹색 성장' 이라면 63빌딩 수족관은 청정 바다인 셈이요, 돈 주어 심어놓은 꽃밭이 생태 환경이라면 민속촌은 조선 시대 읍성이 아니겠는가.

로봇 물고기는 돈으로 만들지만 구구리나 모래무지는 강이 스스로 내어놓는 것이다. 강가에 심어놓을 기화요초들은 돈으로 사다가 심고 가꿔야 하지만, 작은 새들이 깃드는 갈숲이며 쑥부쟁이들은 강이 스스로 내어 기르는 것이다. 강은 그렇게 스스로 에돌고 흐르며 뭇 생명들을 내어놓고 기르는 '지속 가능' 한 자연의 생태이나, 사람이 하는 짓은 돈 없이는 몇 해를 넘기지 못하는

'지속 불가능' 한 조경 사업임을 알아야 할 것이다. 돈으로 무엇이든 할 수 있다고 생각하는 그 오만함이야말로 강을 죽이고, 자연을 훼손하며, 녹색을 더럽히는 만행이 아니겠는가. 아무리 꽃을 사다 심어 별천지를 이루고 돈을 퍼부어 자전거길을 만들어 놀이동산을 꾸민다 해도 스스로 흐르지 않으면 강이 아니다.

내가 바라는 고향은 '생명이 깨어나는' 한강이 아니어도 좋겠다. 볕 뜨거운 여름이면 여강의 명물인 황금잉어가 갯버들 그늘 아래 머물며 한가로이 '생명이 잠드는' 한강이기를 바랄 뿐이다. 녹색은 성장을 하지 않아도 녹색이며, 강은 살리지 않아도 스스로 흐르는 것이니 낄 데나 안 낄 데나 물색없이 삽 들고 나서지 않기를 바랄 뿐이다.

내가 바라는 고향은 로봇 물고기가 헤엄치는 강이 아니라, 스스로 강에서 태어나 거기서 살아가는 모래무지며 참게가 설설 기는 강이 스스로 흐르게 하는 것이다. 어린 시절에 고무신에 담가 두었다가 놓아준 피라미나 송사리들이 발가락을 간질이는 것을 내 아이들에게도 느끼게 해주고 싶을 뿐이다.

내가 바라는 고향은 녹색 성장을 하지 않아도, 요트가 떠다니는 천국의 풍경이 아니어도 좋겠다. 그저 여름이면 시원한 포플러 그늘 아래 소를 매어놓고, 자운영 깔린 강가에서 한가로이 풀을 뜯기는 고향이면 좋겠다. 이런 말을 하기도 덜컥 겁이 난다. 표가 되고 돈만 된다면 강가에 수천 마리의 소를 풀고도 남을 이들이요, 그도 모자라면 로봇 얼룩소라도 볼거리로 만들어 매어놓을 이들이 아닌가. 청계천에 갈겨니를 풀어놓듯이 구구리며 퉁가리에 빠가사리, 모래무지를 트럭으로 사다가 퍼붓고도 남을 이들이니 무엇인들 못하겠는가.

백 년도 못 되는 인생, 십 년도 안 갈 권세들이 수만 년 흘러오고, 또 수만 년 흘러갈 강을 살리겠다고 감연히 삽을 들고 나서고 있다. 강을 파헤치고, 강을 가로막고, 돈으로 싸 발라 사람의 마음을 사려는 이들에게 권면의 말을 전한다. 강을 살리기 전에 탐욕에 가로막힌 제 양심부터 살리기를 바란다. 이 세상에는 돈으로 할 수 없는 일이 있으며, 돈으로 살 수 없는 것들이 있음을 더 늦기 전에 배우기 바란다. 그것이 저도 살고, 강도 살며, 나라와 민족과 세계 평화와 온 우주의 삼라만상이 함께 사는 '녹색 성장'임을 더 늦기 전에 깨우치기 바란다. 정 삽질을 하고 싶으면 가뭄에 시달리는 고비사막에 가서 나무 심고 물길이나 파기를 바란다. 이웃들과 돈을 모아 삽 오만 자루쯤 보내주겠노라.

파괴된 강에서 우리는 작별한다

이영주

안쪽에 무엇이 있든, 사람은 때로 울고 싶어진다. 행복하다 스스로에게 되뇌며 일상을 안정적으로 살아간다고 해도 누구나 가슴이 먹먹해지는 순간이 있다. 그 순간은 각자의 사연에 따라 다르리라. 누군가는 사랑 때문에, 누군가는 고통 때문에, 누군가는 텅 빈 외로움 때문에 가슴을 쓸어내린다. 사실 사랑과 고통과 외로움은 같은 말이다. 그것이 몸속에서 화학 작용을 일으켜 밖으로 표출되는 가장 일반적인 통로는 울음일 것이다. 견딜 수 없어서 비명을 지를 때도, 입술을 꽉 물고 참아낼 때도 그것 또한 울음과 같다. 모두 울음의 다른 이름이고, 그것은 우리 삶의 필수적인 구성 요소이다. 넘치는 자본을 가지고 떵떵거리고 사는 자에게도, 하루하루 겨우 연명하는 가난한 자에게도 슬픔은 찾아온다. 모든 것이 주어진다고 늘 행복할 수 있을까.

그럴 때면 당신은 어디로 가고 싶은가? 어디에 가서 목 놓아 울거나 소리를 지르거나 고요히 침잠하고 싶을 때…… 그럴 때, 어디로 가야 할까.

외할머니 댁은 시골 도로변에 있었다. 초등학생 시절, 엄마 손을 잡고 도로에 바로 인접해 있는 작고, 귀엽고, 아늑한 외할머니 댁의 문을 열고 들어가면서 나는 아무것도 나를 해치지 못하는 천상의 공간으로 들어가는 기분이었다.

그러나 한밤중이면 자동차들은 굉음을 내며 간헐적으로 외할머니 집 주변을 맴돌았다. 도시에서 들리는 자동차 소리하고는 질이 달랐다고 할까. 한적한 곳에서 미친 듯이 질주하는 자동차 굉음은 집 전체를 흔들고 잠이 들려다 실패하는 내 온몸을 울렸다. 시골집에 와서 옛날이야기에 등장하는 귀신 같은 것에 홀리는 것이 아마도 정해진 추억의 에피소드라면, 나의 경험은 참으로 아이러니한 것일 수밖에 없다.

새벽까지 뒤척이며 잠들지 못하는 나를 꼭 안아주던 외할머니. 그렇게 너무 일찍 일어난 나의 손을 잡고 외할머니는 도로를 건너 강둑으로 내려갔다. 한참 동안 강둑에 앉아 나는 외할머니와 함께 아침 해가 떠오르는 것을 보았다. 외할머니는 내 손을 잡았다가 내 머리를 쓸어주다가 신기하게 생긴 풀을 꺾어 내 손에 쥐어주면서 도란도란 그들에 대해 설명을 해주었다. 그렇게 우리는 강물과 강물 주변에서 함께 어우러지던 나무와 풀들, 풀 속에 살던 곤충들, 물속에서 유영하는 물고기들과 함께 아침 해를 맞았다.

그때 어린 내 마음 속으로 천천히 흘러드는 서늘하게 일렁이던 물비늘들. 아침 해를 맞아 조금씩 부풀어오르던 착한 물방울들.

무릎을 모아 가슴께에 끌어안고 나는 천천히 울기 시작했다. 푸른 나무와 풀잎들을 지나 고요히 흘러가는 물의 끝을 바라보면서, 나는 울어도 좋을 것 같았다. 도대체 무엇이었을까. 어린 나에게 어떤 슬픔이 있었던 것일까? 이제 와 그때를 떠올리면 아무런 이유가 없었다는 생각이 든다. 그냥, 그저, 뭔지 모르지만, 맑고 투명한 강물의 흐름이 주는 알 수 없는 포근함 때문에, 그 청명한 물소리 때문에, 끝을 알 수 없는 물의 신비로운 질서 때문에, 아마도 그냥 울었던 것은 아닐까.

나는 그 이후, 내 방의 책상 밑에서, 도시 어느 골목에서 혹은 이국의 여행지에서 울음을 터뜨리는 순간에는 언제나 강의 얼굴을 생각하게 된다. 내 모든 상처를 감싸 안아줄 것 같은 강물의 품을 생각하게 된다. 누군가의 인위적인 손길이 닿지 않은, 새나 강아지, 염소 혹은 또 다른 연약한 동물이 와서 남몰래 울고 갔을 것 같은, 강물 속의 수많은 눈물을 생각하게 된다. 어디에서든 내가 흘린 눈물이, 배꼽 근처에서부터 뜨겁게 올라오는 울음이, 그 강물로 흘러갈 것이라는 생각을.

아마도 당신, 당신의 강물 또한 내 강물과 만나서 함께 흐를 수 있지 않을까. 그것은 알 수 없는 신비로운 우주의 만남 같은 것이 아닐까.

이제 그러한 강물의 바닥을 파헤치고, 주변에 시멘트를 바르고, 철근을 박고, 온갖 문명의 개칠을 하면서 우리의 소중한 만남은 오욕에 물들게 되었다. 이제 당신의 은밀한 눈물 또한 배를 드러낸 채 죽어간 물고기처럼 처참하게 죽어갈 것이다. 그렇게 우리는 권력이 빼앗아간 우리의 가장 중요한 마음을 잃어버리게 될 것이다. 당신과 나는 진정으로 만나지 못하게 될 것이다. 강을 뒤집어엎고 파괴하는 이 현실을 바꾸지 못한다면, 미안하지만, 당신, 안녕. 이렇게 미리 작별 인사를 할 수밖에 없게 될 것이다.

강물도 길이 있다

이응인

아버지는 야치기를 좋아했다. 얼근히 술기가 오른 밤이면 우리 형제들을 불러세웠다. 어린 우리는 천근만근 내리누르는 눈꺼풀을 밀어올리며 아버지를 따라나설 수밖에 없었다. 족대를 둘러메고 종다래끼를 들고 망태에다 관솔을 챙겨서 냇가로 나갔다. 마을 앞 논들을 지나 냇가에 이르면, 물고기를 잡는 건 아버지나 삼촌, 형이 하고, 나나 동생은 종다래끼를 들고 얼쩡거리거나 기껏해야 관솔불을 잡고 비춰주는 일을 맡았다.

흐릿한 관솔 불빛에도 물속의 크고 작은 돌들은 흐릿하게 모습을 드러낸다. 한 사람이 물고기가 있을 만한 곳에 살그머니 족대를 갖다 둘러대면, 다른 사람이 돌을 들어올리며 물고기를 내몬다. 몇 번 이러고 나면, 아직 잠이 덜 깬 채 어정대는 망태(동사리)나 떵가리(퉁가리)가 붙들려 올라왔다. 초저녁잠에 눈을 제대로 못 뜨는 우리랑 비슷한 놈들인지 영 동작이 뜨고 맥을 못 추었다. 모래밭에 잘 숨는 망태는 워낙 어리석어 쉬이 붙들리니까 멍텅구리라고 부르기도 했다. 떵가리는 미끄러운 놈을 놓치지 않으려고 확 움켜잡으면 안 된다. 이놈을 콱 움키면 수염으로 가리고 있던 침을 꺼내어 따끔한 맛을 보인다. 떵가리는 살살 달래야 한다. 살그머니 두 손으로 물을 움키듯 떠내면 고분고분 붙들려 나온다.

야치기도 직접 고기를 잡는 이들에게는 나름의 재미라는 게 있다. 하지만 뭐가 뭔지 제대로 보이지도 않는 어둠 속에서 종다래끼나 관솔불을 들고 따라다니는, 잠이 부족한 어린애들에게는 금세 한계가 왔다. 들고 있던 관솔불을 냇물에 떨어뜨리기도 하고, 발을 헛디뎌 철퍼덕 물에 주저앉기도 한다. 이때 재수가 없으면 종다래끼를 떨어뜨려 잡아놓은 고기가 도망가기도 한다. 이제 그만 갔으면 하는데 아버지는 좀체 가자는 말을 안 한다. 언제 집으로 돌아갈 것인가는 종다래끼가 결정한다. 이놈이 제법 묵직해져야 때가 된 것이다. 고기가 어지간히 잡히면 아버지는 허리를 펴고, "인자 그만 가자" 하신다.

이튿날 아침이면 나는 큰집으로, 동생은 작은집으로 쌩하니 심부름을 간다.

"할매, 아침 자시지 말고 오시래요."

작은집으로 심부름을 간 동생은 작은할아버지께 같은 말을 전한다.

"할배, 아침 잡숫지 말고 우리 집으로 오시래요."

지난밤 종다래끼 속에 들어차 있던 망태나 떵가리, 모래무지,

피라미는 먼저 할아버지의 손에 넘겨졌을 것이다. 할아버지께서 한 마리 한 마리 배를 따고 손질을 한 다음 할머니의 손에 넘겨지면, 다시 깨끗이 씻은 뒤 솥에 넣어 밤늦도록 푹 고았다. 다음날 아침, 우리 식구들과 큰집, 작은집 어른들이 함께하는 아침상에는 어탕이 오른다. 젊음의 결기를 다스리지 못해 술을 마시고 떠돌던 아버지도 이렇게나마 할아버지와 할머니께 자식으로서의 불초함을 닦으려 했던 것인지도 모른다.

그 시절 시냇물은 우리가 사는 세상의 반 이상을 차지했다. 봄이면 모내기철부터 봇도랑 따라 논에다 콸콸 물을 대어주는 것도 냇물이며, 마을에 하나밖에 없는 물레방아를 돌려 방아를 찧어주는 것도 냇물이다. 여름이면 냇가에 소를 풀어놓고, 풀을 베고, 그 냇물에 홀라당 벗고 멱을 감는다. 겨울이면 학교 운동장보다 넓어 보이는 얼음판 위에서 썰매를 타고, 톱으로 얼음을 잘라 얼음배를 만들어 녹을 때까지 타고 다녔다. 냇물이 만들어 낸 세계는 사시사철 새로웠다.

냇물은 마을과 마을을 나누는 큰 경계이기도 했다. 냇물 건넛마을은 우리가 사는 곳과는 또 다른 무언가를 간직한 조금은 낯선 세계라 여겼다. 장마철이 되어 비가 잦으면 선생님께서는 수업을 하다 말고 냇물을 건너야 하는 아이들을 먼저 집으로 보냈다. 그럴 때면 냇물 건너에 사는 아이들이 우리와는 뭔가 좀 달라 보였다.

산골에서 시냇물과 함께 유년을 보낸 나는 어느새 고등학생이 되어 낙동강 발치에 와서 서성댔다. 멋모르고 나대던 십대, 우리는 삼랑진 낙동강변에 놀러갔다. 딸기철이 되어서 삼랑진 딸기밭에 간다고 나섰던가 보다. 부산진역에서 비둘기호를 타고 삼랑진역에서 내려 걸어서 갔던가, 낙동강역에서 내렸던가? 잘 모르겠다. 삼랑진역과 한림정역 사이에 있는 간이역 낙동강역. 말 없는 가운데 강의 갈대밭과 모래밭을 이윽히 바라보고 서 있는 역. 기차가 삼랑진 철교를 건너기 전에 낙동강에 발을 담그고 쉬는 낙동강역. 우리는 낙동강역 앞 둑 너머 강을 따라 길게 누운 금모래밭에서 하루를 뒹굴었다. 나는 지금도 김소월의 〈엄마야 누나야〉를 웅얼거릴 때면, 조그마한 간이역 낙동강역과 강변 금모래밭을 저절로 떠올린다. 그때, 강은 우리를 부르지도 않았는데 우리는 어떻게 그의 품으로 찾아갔을까?

이십대에는 무거운 텐트를 짊어지고 산으로 강으로 무리지어 싸돌아다녔다. 한번은 금정산을 넘어 낙동강 하구, 지금은 지하철이 다니고 아파트가 들어서서 그 흔적조차 사라진 논들에 텐트를 쳤다. 노래를 부르다, 고래고래 고함을 지르다, 옆에 있는 낚시꾼들이 주는 됫병 소주를 받아 마시다 쓰러져 잠이 들었다. 꿈인지 생시인지 모르게 어딘가 좀 축축한 느낌이 들었다. 등인지 머리맡인지 발치인지도 짐작이 되지 않았다. 어느 놈이 오줌을 쌌나 투덜거리며 겨우 정신을 차리고 일어나 보니 텐트 안은 물바다였다. 밖에 나와서 보니 텐트는 무논에 둥둥 떠 있었다. 도무지 제 힘으로 감당이 안 되던 이십대였다. 그 뜨거운 혈기도 어머니인 낙동강 품에서는 울음을 그치고 고만고만 잠이 들었던 모양이다.

삼십대, 한동안 비둘기호를 타고 출퇴근을 했다. 구포 · 물금 ·

원동 · 삼랑진 · 밀양 역을 매일 오르내렸다. 해가 짧아지고 날이 쌀쌀해지면 어둠이 채 가시기 전에 역으로 나가야 했다. 역무원이 기차표에다 구멍을 뻥 뚫어주면 비로소 하루가 밝아왔다. 비둘기호를 타고 낙동강을 따라 올라가면 아침 물안개가 피어올랐다. 때맞추어 기관사에게 기차가 가야 할 길을 알려주는 것 같기도 하고, 이제 정신 좀 차리고 너를 바라보라며 내 길을 일러주는 것 같기도 했다. 수면 가득 피어오르는 물안개를 보면, '강이 있어서 세상에 길이 생겼구나' 라는 생각이 절로 들었다. 빨리 숨어버린 해를 원망하며 술 한잔 걸친 퇴근길에는 소주를 한 병 들고 비둘기호를 탔다. 거기에는 내 인생의 짱짱한 선배들이 더러는 의자에 앉아 떠들고, 더러는 맨바닥에 둘러앉아서 술을 마시고 있었다. 소주 한 병이면 나도 그 어느 곳에나 끼일 수 있었다. 그들도 나처럼 강이 가르쳐주는 길을 따라 하루를 오가는 어수룩한 이들이었다.

그러고 보니 결혼한 이후 줄곧 큰 강을 곁에 두고 살아왔다. 처음 직장을 구해 밀양에 올 때만 해도 밀양은 '은어'가 유명했다. 친구들이 찾아오면 수박의 그 시원하고 달큼한 맛이 난다는 은어회를 찾았다. 강가에 나가면 물 가운데 서서 은어 낚시를 하는 사람을 종종 볼 수 있었다. 그런데 언제부턴가 밀양에서 내려간 은어들이 제 집을 찾아올 수 없게 되었다. 이 동네 은어가 갑자기 멍텅구리로 변했나 했더니, 그게 아니었다. 을숙도에 낙동강 하구언이 생겨 강을 막아버리자 바다로 간 은어가 돌아오지 못하게 되었다는 것이다. 지금은 밀양에서 은어회를 찾는 사람이 거의 없다.

이십여 년 밀양에 살다 보니 밀양강에는 내가 속으로 점찍어 둔 곳이 두 군데 있다. 둑 넘어 강변에는 보리밭 밀밭이 시원스레 펼쳐지고, 작은 물웅덩이가 군데군데 살아 꾸륵꾸륵 숨 쉬고, 버드나무가 흐르는 물 가운데 서서 머리를 감는 곳, 남포리다. 밀양강이 시내를 돌아 나와 허리를 한번 더 틀면서 천천히 낙동강을 만나러 출발하는 곳이 남포리다. 나는 이곳에 올 때마다 제발 저 버드나무의 머리채를 휘어잡는 일이 일어나지 않기를 빌고 또 빈다.

또 한 군데는 뒷기미다. 뒷기미는 밀양강과 낙동강이 만나는 한적한 나루다. 아니, 나루가 있었다는 흔적만 겨우 품고 있는 곳이다. 뒷기미에 설 때마다 드는 생각이 있다. '강과 강이 만나서 하나가 되는 거대한 역사가 이토록 소리 없이 이루어지는구나. 떠들썩한, 요란한, 어깨에 힘이 들어간 만남은 여기서는 없다. 대가大家들답게 말 한마디 없어도 강과 강은 만나서 하나가 된다.'

요산 김정한의 단편 〈뒷기미 나루〉의 무대이기도 한 여기에 서면 그때나 지금이나 여전히 고단한 민중들의 삶을 떠올리지 않을 수 없다. 지금 낙동강은 공사 중이다. 그 공사는 강변에서 농사짓고 사는 민중들의 삶을 뭉개고 있다. 그런데도 밀양강은 어쩌자고 공사장 흙탕물이 되어 내려오는 낙동강을 껴안는지 모르겠다. 한술 더 떠 낙동강의 등을 토닥토닥 두드려주는지 정말 알다가도 모르겠다.

강을 망가뜨린 건 오래되었다. 지방자치제가 시행되어 민선 시장이 뽑히고 나서부터다. 자꾸만 강에다 손을 대기 시작했다. 시민들을 위해서 강변에 체육 공원을 만든다, 야외 공연장을 만든다, 조각 공원을 만든다, 심지어 골프 연습장을 만든다, 툭 하면 강에다 손을 댔다. 그러더니 언제부턴가 강바닥을 파내기 시작했다. 덤프트럭들이 끝없이 줄을 지어 강의 자갈이며 모래를 싣고는 어디론가로 달려갔다. 파내고 깎고 또 파내고 하다가 언제부터인가 아름다운 강변을 만든다면서 물을 막기 시작했다.

어느 날 강이 큰 저수지로 변해 있었다. 보를 만들어서는 물이 부족할 때 물을 막아 하류를 메마르게 하더니, 오래 고여 있으면 더러워진다고 어느새 물을 다 빼내고 강바닥을 운동장 마당처럼 비워버린다. 영남루 앞을 새을 자 모양으로 휘돌아 흐른다고 을자강乙字江이라 부르는 밀양강은 이제 볼 수 없게 되었다. 우리 앞에 있는 것은 물이 가득 고인 보이거나 물이 빠지고 없는 마른 자갈밭뿐이다. 강물도 흐르는 길이 있다. 그 길은 세월에 녹아 휘어지고 굽이치고 뒤틀린다. 그 강물이 길을 잃었다. 길을 막아버린 것이다. 생태계에 대한 인식이 중학생 수준도 안 되는 이들이 자치를 하고 있다.

돌아보니 우리는 이미 오랜 세월 동안 온 나라에서 강을 죽이는 일을 꾸준히 해왔다. 그 결과가 지금 '4대강 살리기'란 이름으로 우리 앞에 서 있다. 낙동강에는 물이 흐르지 못하도록 열 군데 댐을 막는 공사를 하고 있다. 마지막으로 강의 숨통을 끊는 작업이다. 이제 우리에게는 굽이쳐 흐르는 강이 없다.

모든 것은 흘러가리라, 그러나

이혜경

대학 시절, 고향 출신 대학생들이 만들었던 회보가 어쩌다 내 손에 들어왔다. 특집 기사의 앞머리에 실린 짤막한 글을 읽다가 문득 미소 지었다.

“내(川)를 기억할 수 있다. 여름이면 갈라질 듯 빛나던, 물속에서 오래 견디기 내기를 하고 나와 조금씩 어지럼증을 느끼며 누워 물기 말리던 자갈들이 깔린.”

뒤이어, 겨울에 내에서 타던 얼음배의 추억이며 그 내 주변에 우중충한 상가 아파트가 들어서면서 느낀 상실감 같은 것이 적혀 있었다. 지금은 기억도 나지 않는 누군가가 삼십여 년 전에 쓴 그 글을 읽는 동안 물밀 듯 일던 반가움. 고향의 시가지 외곽에서 흐르는 내가 내 마음속에서만 크게 자리 잡은 것은 아니었다. 물살 여울지듯, 마음이 잠시 가볍고 환해졌다.

그 내가 없었더라면, 내 유년기와 소년기의 풍경은 좀 더 단조롭고 갑갑했을 것이다. 읍 주변의 산골짜기에서 흘러나온 물이 모여서 이룬 내는, 읍 외곽을 흘러 서해의 바닷물과 합류했다. 학교에 들어가기도 전인 어린 날부터, 마음이 소란스러울 때면 나는 내로 향했다. 개망초며 명아주, 소리쟁이 등이 멋대로 섞여 자라는 냇둑 위에서 서성이거나 쪼그리고 앉아 내를 오래 지켜보았다. 햇살 받아 반짝이는 냇물을 오래 바라보면, 괜찮다고, 모든 게 다 지나갈 것이라고, 지금 내 마음을 욱죄는 그것도 냇물에 실려 흘러가리라고, 물살이 정답게 속삭이고 햇살은 등을 토닥여주었으며 바람 또한 볼을 쓸어주었다.

때로는 비탈진 냇둑 아래로 내려가기도 했다. 징검다리의 징검돌에 앉아 흐르는 물에 손을 담그면, 손가락 사이로 빠져나간 물은 작은 포말을 일으키다가 다시 언제 그랬냐는 듯 유유한 물살이 되어 흘렀다. 물살은 작게 재잘거리고, 수초의 줄기가 물속에서 살랑거리고, 송사리가 물속에서 물살을 거스르며 올라가고……. 그렇게 물과 놀다 보면 어느 순간, 물이 흐르는 것인지 아니면 내가 흘러가는 것인지 알 길 없어졌다. 멀리 다리 위에서 지나가는 차의 소음이며 냇둑을 걸어가는 어른들의 말소리가 아스라하게 들려왔다. 쪼그린 다리가 저려서 일어날 즈음이면, 욱죄었던 마음도 물살에 흘러 녹은 듯 고요해졌다.

그 내(川)보다 훨씬 너른 강이 흐르는 곳에서 살게 된 것은 고향을 떠난 지 이십오 년쯤 지난, 사십대였다.

대학 시절을 보낸 서울에도 강이 있기는 했다. 그러나 대도시의 강은 내게 버스나 전철을 타고 지나가며 바라보는 풍경일 뿐이었다. 때로 친구들과 강가로 나간다 한들, 대도시의 한복판에 흐르는 너른 강은 이상하게도 무정물처럼 보였다. 강가에서 낚시를 드리운 사람을 보면, 저 물에서 잡은 물고기를 먹어도 되는 걸까, 하는 생각이 먼저 들었으니.

남한강이 흐르는 작은 읍에 머물면서, 나는 비로소 강을 만났다. 아침에 베란다 문을 열면, 강 위에서 뽀얗게 피어오르는 물안개가 강이 내쉬는 숨결 같았다. 어떤 날엔 아침부터 환한 햇살을 되쏘아 은빛으로 눈부시게 빛나는 강과 만났다. 그 읍에서 오래 산 사람들은, 어린 시절, 물이 어찌나 맑은지 물속에서 노니는 물고기까지 환히 보이던 강을 기억하곤 했다.

내가 그리로 간 지 얼마 안 되어, 한 친구가 그 읍으로 이사했다. 가까운 이로부터 아주 깊게 상처를 입고, 게다가 주변의 오해까지 사 살던 곳을 떠나온 친구였다. 그 친구의 거처와 내 거처는 강을 사이에 두고 있었다. 읍내에서 만나 밥을 먹거나 차를 마시고 나면 우리의 발걸음은 자연히 강변으로 향했다. 강변의 벤치는 한갓지게 앉아 이야기 나누기에 좋았다. 친구는 말을 하다 말고, 단어를 고르다 말고 자주 입을 다물었다. 말과 진실을 왜곡시키는 사람에게 휘둘린 나머지 말에 대한 믿음을 잃은 시기. 친구는 말문이 막힐 때면 자주 강에 눈길을 돌렸다. 제 안으로 깊이 침잠하는 친구의 눈앞, 강물은 덤덤히 흐르고 있었다. 강바람이 친구의 머리카락을 날려 얼굴을 가렸다. 섣부른 위로를 건넬 수 없던 나 또한 침묵을 지켰다. 강에서 떠가듯 헤엄치던 오리는 이따금 물속에 고개를 들이밀었다. 강물에 비친 오리 그림자 때문일까, 오리가 고개를 물속에 들이미는 건 물속의 저와 만나려는 헛된 시도로 보였다. 어릴 적 혼자 쪼그리고 앉아 내를 바라보던 아이가 떠올랐다. 그 아이의 불안과 슬픔을 씻어주던 냇물처럼, 저 강이 친구의 마음에 얼룩진 기억들을 씻어내 흘려보내 주기를 바랐다. 그러는 사이 해가 사위며 강물은 멍든 것처럼 검푸른 빛깔로 흘렀다.

그 읍에서 살던 어느 여름날 새벽 산책길이었다. 야산을 낀 들길을 걷다가 나팔꽃을 보았다. 그해 들어 나팔꽃을 본 것은 처음이었다. 연분홍 꽃잎에 횃불 모양으로 보랏빛 골이 타래타래 선명한 꽃봉오리였다. 채 피어나지 않은 그 꽃봉오리가 예뻐서, 무심코 손을 뻗쳤다. 그때였다. 내가 잡으려던 꽃봉오리가 흠칫, 뒤로 물러났다. 그야말로 놀라서 뒷걸음질치듯. 바람결이 전혀 느껴지지 않는 잠포록한 날이었다. 게다가, 같은 줄기에 매달린 꽃송이들은 미동도 하지 않았다. 미안해, 미안해. 저절로 읊조리게 되었다. 꺾을 생각은 없었다. 그냥 예쁜 아가의 볼을 보면 만져보고 싶듯, 손을 대보고 싶었을 뿐이다. 그런데 세상에, 대체 내 손이 나도 모르는 무슨 욕심으로 살기 같은 걸 뻗친 것일까. 아연한 나는 펼친 손바닥을 바라보았다. 식물도 느끼며 생각할 줄 안다는 골자의 책들을 읽고 공감하긴 했지만, 내 눈으로 그걸 목격한 것은 처음이었다.

"형태는 정말 소박하고 강과 물의 흐름이 크게 강조됐다."

20세기로 막 들어선 조선에 온 프랑스인 지리학자가, 조선에서 발간된 조선 팔도 지방도, 조선 전도, 아시아 전도 등을 보고 한 말이다. 그만큼 강과 물을 중시한 것일 테다.

오랜 세월, 구부러질 곳은 구부러지고 휘어질 곳은 휘어지고, 함께 만나 곧바로 흘러야 할 곳은 곧바로 흐르며 수많은 생명을 살려온 강. 그 강들에 지금, 나팔꽃을 멈칫하게 했던 그 새벽의 내 손길에 견줄 수 없이 두려운 중장비의 굉음이 차오르고 있다. 강을 반듯하게 펴고 콘크리트를 쏟아붓는다고 한다. 물을 더 확보하고, 홍수를 막고, 전기를 얻고, 심지어 사람들이 자연과 더 가까워지도록, 자전거를 이용해 에너지를 절약하도록 등의 명분을 내세워가며. 원래의 뜻에서 멀어진 채 나부대는 단어들이 말의 진정성을 모욕하는 동안 중장비들은 거침없이 강을 능욕한다. 도처에서, 봉기하듯 벌어지는 저 거대한 공사. 누군가는 그 흐름을 막으려 소신공양을 하고, 누군가는 무리한 공사 때문에 목숨을 잃고, 누군가는 농토를 잃어서 죽음을 선택하고……. '살리기'라는 이름 아래 사람과 동식물이 숱하게 죽어가도 중장비는 여전히 강에서 버티고 있고, 콘크리트가 부어진다.

정말로 그게 꼭 필요한 일이라면, 말 그대로 국가의 '백년대계'라면, 그 말에 걸맞게 진척시키면 될 것이다. 길어봤자 백 년의 수명을 가진 인류가 지상에 나타나기 훨씬 오래전에 생겨나, 비와 바람과 세월의 물살로 자연스럽게 만들어진 저 강의 기미를 살피고, 자연의 유기성을 헤아려 삼가며, 그렇게 조심스럽게 차근차근 해나갈 일이다. 적진에 진군하듯, 중장비를 앞세운 채 무작스럽게 파헤치고 짓밟고 들이붓는 저 공사 앞에서, 강을 터전으로 살아온 유정물과 무정물이 공습을 만난 양민처럼 엎드려 떨고 있다.

모든 것은 흘러가지만, 그러나 그냥 흐르게 내버려두었다가 두고두고 통탄할 일들도 있을 것이다. 자연의 자정작용自淨作用, 그 한계를 넘어서는 인간의 무례와 탐욕이 어떤 응보를 부를지, 두렵다.

나는 강을 본 적이 없다

임세화

처음 '강'에 대한 글쓰기를 청탁받았을 때, 나는 흔쾌히 그것에 응했다. 강에 대해서라면 나름 생각이 없는 것도 아니었고, 누구에게나 친근하면서 또 그만큼의 다양한 이야기들을 품고 있는 존재가 바로 강이라는 생각에서였다. 좋아하는 소설 속을 유유히 흐르던 강을 떠올리기도 하고 감동적인 영화 속의 강을 떠올려보기도 했다. 그럴 때면 바람결을 따라 이리저리 흔들리는 물결 속에서 음표들이 뛰어나와 경쾌한 선율을 만들어냈다.

감미로운 상상 속에서 헤맬 수 있던 시간은 잠시였다. '나의 강'에 대한 생각이 거듭될수록 나는 초조해졌다. 나는 증거가 없는 범인을 쫓는 탐정처럼 점점 더 강에 매달렸다. 어찌된 일인지 강에 대한 기억이 전혀 떠오르지 않았다.

어렸을 적 찍은 사진들을 들추어보기도 하고, 엄마에게 나는 정말 강에 발조차 담가보지 않은 채로 26년을 살아온 거냐고 따지듯 묻기도 했다. 그러면 엄마는 얘가 정말 뇌가 잘못된 게 아닐까 하는 걱정스런 표정을 지으며—유년의 모든 것들을 시시콜콜 기억하는 동생과는 달리 나는 어렸을 때의 기억이 거의 없었다—계곡, 강, 바다 안 가본 데가 없이 다 가봤다는 대답을 돌려주었다. 그러고 보니 물가에서 배에 튜브를 끼고 있는 사진들이 많기는 했다. 그러나 강에 몸을 담그고 있는 사진은 없었다.

자서전을 준비하는 사람처럼 나는 내 지난 26년을 꼼꼼히 되짚어보았다. 나의 출생부터 성장까지, 정말 뇌가 잘못된 것인지 잘 기억나지 않는 길고 더딘 시간들을. 그러자 의외로 간단한 결론이 나왔다. 나는 지금껏 강을 본 적이 없었다.

나는 분지의 도시에서 나고 자랐다. 그것은 도시 전체를 높은 산이 감싸고 있는 듯한 형상을 한 특수한 지리다. 도시를 관통하는 여러 줄기의 하천은 있지만 결정적으로 강은 없었다. 강은 도시의 거의 가장자리에서 지류와 연결되어 있을 뿐이었다. 도시 안에서만 머무는 한 결코 강을 볼 수 없는 구조였다.

그렇다면 대학에 다녔던 동안이나 다른 도시를 여행하는 동안 강과 만났던 적이 있지 않았을까를 고민할 수밖에 없었다. 소나기처럼 두 장면이 머릿속을 두들겨댔다. 하나는 4호선 열차 안에서 바라보던 한강의 풍경, 다른 하나는 아빠의 고향인 춘천을 방문하며 본 소양강의 풍경이었다.

나는 다시 고민에 빠졌다. '강'을 떠올렸던 첫 순간 내가 쓰고 싶던 글은 여름밤 강가에 누워 밤하늘 속 별을 바라보듯 무언가

서정적이고 목가적인 추억이 어려 있는 그런 글이었다. 그런데 불청객처럼 나를 찾아온 두 강은 그것과는 너무 상이한, 말하자면 건축 전문지쯤에 실리면 어울릴 만한 그런 웅장한 '장면'에 불과했다.

잠시라도 서로 눈이 마주치는 어색한 상황을 피하기 위해 발끝이나 휴대전화 따위를 바라보고 있는 지하철 승객들 어깨 너머로 바라봤던 한강. 그것은 객차 속에서 내가 흐르는 것인지 강이 흐르는 것인지를 모를 만큼 굽이치던 시간들 속에서 '아, 서울이구나!'를 깨달으며 바짝 긴장을 하게 만들던 순간의 장면이었다. 때로 시간에 따라 단 한 곳의 건너뜀도 없이 끝이 보이지 않게 불을 밝히고 있는 가로등의 압도적인 행렬이나 63층도 더 되어 보이는 높고 높은 건물들의 솟아 있음 바로 앞을 과학적인 선형으로 흐르던 거대한 물들의 흐름. 그 수면 아래 괴물이 살고 있음을 보여주는 영화 앞에서 그곳이라면 그러고도 남을 거라고 남몰래 이를 앙다물었던 어떤 두려움의 기억들. 어째서 나는 '강'이란 주제에서 그 충격적이었던 장면을 대번에 기억해내지 못했을까.

아빠의 고향인, 호반의 도시라는 춘천 또한 나는 기억해내지 못했다. 사실 내가 그것을 본 것은 실제로 1분도 채 되지 않는 시간이었다. 도로 위를 달리던 자동차 속에서 엄마는 "저걸 봐!"라고 감탄하며 창밖을 가리켰다. 부드럽게 휘어진 도로를 지나가야 했던 약 1분의 시간. 그 시간 가득히 내가 느꼈던 감정은 두려움이었다. 구름 바로 아래에까지 닿아 있는 댐의 턱에서 거대한 물의 폭포가 곤두박질치고 있었다. 귓속에 물을 가득 쏟아붓는 듯

먹먹한 소음과 함께 작고 가벼운 물의 입자들이 살갗에 달라붙는 것이 느껴졌다. 구름에서 바로 쏟아내는 듯한 어마어마한 낙차로 인해 주변은 온통 안개가 낀 것처럼 희뿌연했다.

댐에서 물을 방류하는 것이 그렇게 흔한 일은 아니었는지, 나는 다시는 그 장면을 보지 않을 수 있었다. 그러나 그때 내 살갗에 끈질기게 와 닿았던 물의 덩어리들. 그 작고 부드러운 입자들이 모여 나를 덮칠지도 모른다는 동물적인 두려움. 거대한 회색 벽 너머에서 모든 걸 깨뜨릴 듯이 날카롭게 쏟아지던 물의 결. 나는 그 댐 아래에 서서 쏟아지는 물을 고스란히 맞는 내 모습을 상상하고 있었다. 살이 갈기갈기 찢겨나간 채로 도망도 치지 못하고 숨도 잘 쉬지 못하는 채로 물살을 맞고 있는 내 모습. 유아적이고 즉물적인 상상이었고 공포였다. 지금도 댐을 떠올리면 온몸으로 물살을 맞고 서 있는 한 사람의 모습이 떠오른다. 그 공포스럽고 압도적이었던 장면을 어떻게 나는 잊을 수 있었을까.

어쩌면 그것은 강이 아니었다고, 강이었을 리 없다고, 그렇게 나는 말하고 싶었던 것일지도 모른다. 적어도 내 머릿속의 강은 그런 모습이 아니었다. 어느 노래의 가사처럼 강은 평화나 풍요로움, 유구한 역사와 문명 따위의 상징들로 오히려 명징한 어떤 것이었다. 적어도 내게는 그랬다. 그래서 나는 이 글을 쉽게 시작하지 못했던 것일지 모른다. 내 머릿속의 강, 내가 쓰고 싶고 그리고 싶던 강, 내가 살아온 수많은 강들이 모두 다르고 달라서 그것들을 다만 '강'이라고 뭉뚱그려 부르기에는 용기가 부족했던 것이다. 그리고 나에게는 아직도 용기가 없다. 아마 앞으로도 그럴 것이다. 어쩌면 나는 평생 '강'을 쓸 수 없을 것이다.

사실은 하천에 대한 글을 쓸 수도 있었다. 하천이나 강이나 조금 더 흐르고 조금 덜 흐르고의 간소한 차이 아니겠냐는 합리화를 하기도 했다. 내 고향의 하천들은 흐르고 흘러 강으로 향한다. 그 사소한 지류들이 없다면 강은 결코 강이 될 수 없다. 게다가 내 집 앞을 흐르는 하천은 선사 시대의 아득한 문명을 가능케 한 어떤 역사이기도 했다. 비록 지금은 시멘트벽에 감싸여 도로와 나란히 직선으로 흐르지만.

얼굴 없는 범인처럼 내게서 도망과 도망만을 반복하는, 손에 가득 쥔 모래처럼 스르르 빠져나가고 마는 강 대신 나는 하천에 대한 글을 쓰려고 결심하기까지 했다. 그러나 그것 또한 쉽지 않은 일이었다. 내가 쓰고 싶었던 (강)을 대신해 괄호 속에 들어가야 할 (하천)은 익숙하고 잘 아는 어떤 공간이기는 했지만, 다만 공간에 그쳐버리는 비어 있는 괄호였다. 자고로 (강)이라면 티셔츠 바람에 뛰어들어가 물장구도 치고 다슬기도 잡을 수 있는 정도는 되어야 (강)이라고 할 수 있지 않을까 하는 고지식한 생각을 나는 끝내 버리지 못했던 것이다.

나는 다시 원점으로 돌아와버리고 말았다. 지푸라기라도 잡고 싶은 심정 때문인지 그나마 내가 가장 잘 아는 하천에서 보냈던 시간들만 계속 떠올랐다. 시멘트벽을 따라 고요하게 흐르는 물살과 둔치를 걷는 사람들의 평화로운 풍경들, 시멘트벽의 모서리를 따라 깨끗하게 깔린 붉은색 아스팔트, 겨울에도 푸른빛을 띠는 잔디, 은색의 보 위로 차분하게 퍼져나가는 노을의 빛깔……. 조형물처럼 잘 조성된 그곳 천변을 함께 거닐었던 첫사랑의 따뜻한 손, 설렘들, 친구들과 야자를 빼먹고 학교를 탈출해 겨우 학교에서 100미터도 안 되는 그곳을 찾아갔던 우스운 패기들, 스무 살의 다짐들, 남들이 하는 불꽃놀이를 넋 놓고 바라보던 사소한 홀림들, 흠 잡을 데 없이 잘 만들어진 둔치에서 자꾸만 인생이 삐끗거린다고 내뱉었던 한숨들……. 그런 것들만 기억이 났다.

지금껏 내가 간직해온 원형적인 강의 생생한 모습이 외국 영화나 텔레비전 캠페인 광고 등에서 습득한 고효율의 정보였다는 것을 이제 나는 인정해야 할지도 모른다. 마치 직접 그 물에 발을 담가본 것처럼 강변을 신나게 뛰어다녔던 것처럼 느끼는 것이, 강을 떠올릴 때마다 온몸으로 체현되는 사실적인 감각들이 다만 고도로 잘 조작된 상상에 불과하다는 것을 어쩌면 이 글을 시작하는 동시에 나는 알아버렸는지도 모른다.

결코 나는 '강'을 보거나 만진 적이 없는데 어떻게 장면과 감각들은 이토록 생생하단 말인가. 그것은 온갖 매체에서 반복적으로 거의 강박적으로 재생하고 강조하는 어떤 중요함의 가치들, 그것이 희귀하고 소멸되어가기 때문에 오직 가치를 강조하고 장면을 반복 재생시킴으로써만 유지시킬 수 있는 보존의 방식 때문일지도 모른다. 마치 그것이 당장 눈앞에만 없을 뿐이지 분명 어느 지방 어느 골짜기에는 존재한다는 것을 암시하고 주입하는 방식의 패턴들. 사실은 나는 그것에 조금은 감사하는 마음을 지니고 있다. 진화하는 혹은 퇴화하는 생물의 몸에 각인처럼 남는 흔적 기관처럼, 그것은 기억—혹은 집단 기억—의 창조—혹은 소멸—라는 느리고 자연스러운 방식으로 잘 이루어지고 있으니 말이다.

어쩌면 죽는 날까지 나는 '강'을 볼 수 없을지 모른다. 그리고 나는 평생 '강'을 쓸 수 없을 것이다. 나는 상상을 한다. 흐르고 흐르는 강. 인간보다 시간보다 더 오래고 오래 흐르는 강. 선사의 어떤 시간보다 더 오래고 오랜 옛날을 흐르는 강. 누구에게도 말 걸지 않고 누구에게도 방해받지 않는 강. 누구에게도 상상되지 않는 강. 나는 강을 본 적이 없다.

강에 뚜껑 막을 자, 누구인가?

전영태

얼마 전의 일이다. 우리 집에서 친지들과 함께 내가 강에서 잡은 쏘가리, 꺽지, 장어를 회치고, 튀기고, 굽고, 끓여 먹는 민물고기 먹기 잔치를 벌였다. 그들은 내 덕분에 잘 먹는다는 인사를 하면서 즐거워했다. 그렇게 마시고 먹고 떠드는 중에 등산을 좋아하는 한 친구가 불쑥 이런 말을 내뱉었다.

"먹기는 잘 먹고 있다만 물고기를 이렇게 남획해도 되는 거야? 이렇게 물고기를 많이 잡는 건 4대강 사업 못지않게 강의 생태 질서를 파괴하는 짓이야."

"내가 잡은 물고기를 기껏 잘 먹으면서 무슨 뚱딴지 같은 소리야? 먹은 거 다 토해내!"

허물없는 사이라서 과격한 말로 대꾸했지만, 분은 삭지 않았다. 낚시에 대해 잘 모르는 사람들이나 위정자들은 낚시꾼을 환경 파괴범으로 몰아가는 경향이 있다. 쏘가리는 전날 잡았고, 꺽지는 한 달 전에, 장어는 둘째 아들이 나 먹으라고 준 것을 내놓았는데, 이것을 두고 남획이라니, 게다가 4대강 사업 관련자 같은 환경 파괴자라니, 어이가 없었다.

"낚시꾼이 환경 파괴자라면 등산꾼 자네는 환경 괴멸자야. 산을 멀리서 바라보기만 하지 않고 떼 지어 산속으로 들어가니까 길이 넓어지고, 나무뿌리가 드러나고, 지형이 변형되는 것이지. 등반가 때문에 히말라야 고봉에 등산 쓰레기가 넘쳐난다는 사실을 잘 알고 있겠지?"

거칠게 쏘아붙였지만, 낚시꾼이나 등산꾼의 자연을 사랑하는 최상책이 강이나 산에 가지 않는 일임에는 틀림없다. 내 책 《유혹과 몰입의 기술, 낚시》에서 나는 이렇게 썼다.

"낚시꾼이 '물을 위해서' 할 수 있는 가장 좋은 방법은 물가에 나서지 않는 일이다. 아무리 '클린 피싱'을 외치고 그것을 실천해도 모래톱과 풀숲과 진흙길에 낚시꾼 발자국이 찍히는 것부터 자연을 보호하지 않는 행동이다."

그렇지만 낚시꾼이나 등산꾼처럼 강과 산을 사랑하기도 어렵다. 그들은 부지불식간에 자연을 훼손하지만 강·산을 사랑하고 더불어 살겠다는 욕망은 강변과 산촌의 주민보다 강하다. 서로 사랑하는 사람들이 사랑의 대상을 바라만 보고 있지 않는 것처럼 그들은 자연이라는 사랑의 대상에 적극적으로 다가가 그 속살까지 애무하려고 한다. 그들은 정신적으로는 물론이고 육체적으로도 강산을 사랑해 그 사랑을 자연에 각인시키려고 한다.

낚시꾼의 경우 강에서 포인트를 잘 찾아 물고기를 많이 잡고 또 대어를 포획했다고 해도 그 강을 정복했다거나 강물 흐름의 이치를 터득했다고 자만하지 않는다. 물고기는 강과 싸워 얻은 전리품이 아니라 강이 자신의 건강함을 기뻐하며 낚시꾼에게 주는 선물이다. 물고기가 마음 놓고 뛰노는 강, 그것이 건강한 강이다. 낚시꾼은 그 강에 사는 수많은 물고기 중 극히 일부를 잡을 뿐이고, 그나마 아무것도 못 잡기도 한다.

나는 어렵게 잡은 물고기 중 조그마한 것은 놓아주지만, 제법 큰 씨알은 알뜰히 먹는 것으로 포획을 기념한다. 물고기를 내 몸속에 육화肉化시켜 강과 물고기에 대한 기억을 몸 안의 살로 남기자는 것이다.

어떤 낚시꾼은 '캐치 앤드 릴리스'를 습관적으로 실천해야 한다고 주장하면서 잡는 족족 놓아주려고 하나, '캐치'를 못해서 '릴리스'를 못하는 무능력을 드러내기도 한다. 그런 낚시꾼은 강과 물고기를 사랑한다는 것을 강조하기 위해 낚시 아닌 술 먹기에 몰두해서 의도적인 꽝을 치기도 한다. 이런 낚시꾼들이 모여 만든 동호회 명칭이 '허송세월'이고, 좀 더 그악스럽게 물고기를 잡자고 다짐하면서 허탕치는 동호인 모임의 이름은 '목줄이 터질 때까지'이다. 나는 '원줄이 끊어질 때까지'의 회원이다. 이들 모임의 회원들은 물고기를 자신의 파트너나 애인처럼 사랑한다. 고양이 쥐 생각하듯 걱정하면서 잡아먹는 것이 문제이긴 하지만.

물고기의 관점에서 4대강 사업의 문제점에 대해서 살펴보면, 이 사업들은 그들의 삶의 터전을 근본적으로 파괴하고 삶의 환경을 완전히 인위적으로 바꿔놓는 재난일 따름이다.

물고기는 산소, 안전, 먹이의 세 조건을 따져 서식지와 활동 범위를 선택한다. 물고기들이 흐르는 물을 좋아하는 것은 그들이 흐름을 헤치고 올라갈 수 있을 정도로 힘이 좋다는 사실을 과시하려는 것이 아니다. 작고한 조오련 선수는 도전 의지 때문에 격류를 헤엄쳤지만, 보통 사람이라면 흐름을 피한다. 물고기도 격류를 거슬러 유영하는 것을 버겁게 여기지만 풍부한 용존 산소량 때문에 흐름 주변에서 살기를 좋아한다.

세차게 흐르는 여울에는 물고기가 숨기 좋은 바위와 큰 돌들이 놓여 있어 그들은 바위 구멍이나 큰 돌 틈에서 힘을 비축하며 안전을 꾀한다. 물고기들의 적은 사방에 널려 있다. 수달, 물뱀, 큰 물고기, 물새, 낚시꾼, 어부 등등. 그중에서 가장 어리석은 포획자가 낚시꾼이다. 가장 잔인한 적은 물고기 은신처를 송두리째 철거하려는 4대강 사업 추진자들이다.

그들은 물고기에게서 안전이라는 개념을 뿌리째 뽑아간다. 물고기의 시점에서 4대강 사업 추진자들은 강의 흐름을 빼앗은 강도江盜들이고, 원주민의 주거지를 점거하고 주민들을 내쫓는 학살자, 정복자들이다. 이들이 학살자인 것은 물고기들을 먹고살기 어렵게 해 아사 상태에 이르게 하기 때문이다.

강고기들은 여울이 시작되는 여울머리에서 바위나 큰 돌, 수초에 의지한 채 상류를 향해 가며 먹이를 탐색한다. 여울목은 강이 좁아지는 곳이라서 물고기의 취이取餌 활동 범위가 제한되는 만큼 먹이를 얻기가 쉬운 장소다. 4대강 곳곳에 보가 놓이면 여울목은 사라지고 보 아래 물 떨어지는 곳에 인위적인 초라한 여울이 남을 뿐이다. 그 여울마저도 갈수기에는 웅덩이로 변한다. 물고기들이 쉽게 그리고 효율적으로 취이 활동을 할 수 있는 여울이라는 천국이 사라지는 것이다.

아, 가련한 4대강 보의 물고기들이여! 산소, 안전, 먹이의 3대 생존 조건을 박탈당한 물고기들이여! 너희들의 앞날이 어두운 만큼 나의 낚시 조건도 어려워지는구나. 이제 산나물 채취로 취미를 바꾸고 싶지만 풀이름도 모르는데 어찌할거나…….

4대강의 보를 건설하려면 물고기가 살아가는 터전인 모래, 자갈, 바위, 수초 이 모든 것을 파내야 한다. 물고기는 보 건설로 그들의 먹자리를 잃는다. 시멘트와 골재를 섞은 콘크리트와 화학제품 자재로 보와 인공 강안을 만들면, 콘크리트와 화학 자재에서 나오는 독은 물고기를 병들게 하고 죽게 만든다. 보 전체가 시멘트로 포장된 풀장으로 변하는데, 물고기는 소沼는 좋아해도 풀장 근처에도 가본 적이 없다. 물고기도 환경 적응 생명체라서 이러한 독극물 풀장에서도 어렵게 삶을 이어나갈 것이다. 본의 아니게 풀장의 수영객이 된 물고기가 간신히 그 생활에 적응할 즈음, 상류에서 떠내려온 토사 더미를 준설하기 위해 어렵게 마련한 먹자리가 굴삭기에 의해서 사라지고, 뿌연 풀장 물속에서 새 먹자리를 찾아야 하는 물고기들의 고난의 세월은 이어지는 것이다.

새롭게 조성된 4대강 풀장에는 산책로와 자전거 도로가 놓이고 생태학습장 따위와 인공 숲이 그럴듯하게 자리 잡을 것이다. 그리고 강안 곳곳에는 '낚시 금지' 팻말이 꽂혀 있을 것이다.

"야, 이 강도江盜들아! 더러워서 이곳에서 낚시 안 한다. 물고기의 존재 근거를 노략질한 강 도둑이 자신들인 줄 모르고 낚시꾼만 예비 범죄자 취급하는 너희들이 미워서 낚시 안 한다. 풀장에서 낚시하는 미친 놈 보았냐? 풀장 물고기들이 불쌍해서 낚시 못 하겠다."

이렇게 미리 욕설을 퍼부어도 속은 시원해지지 않는다.

인공 복원된 청계천에 1급수에서만 사는 민물고기를 인위적으로 투여해놓고 맑아진 청계천에 청정 물고기들이 돌아왔다고 선전하는 공무원 부류가 4대강 보라는 풀장에 수질 개선의 증거로 1급수 물고기를 풀어놓을 가능성도 있다. 청계천의 1급수 물고기들이 3급수 한강물을 죽음을 무릅쓰고 거슬러 올라왔단 말인가? 아니면 날아왔단 말인가? 보가 건설되면 강물의 흐름이 느려져 조류가 크게 번성할 것이고, 엽록소 농도가 짙어지면 물고기 생장에 큰 악영향을 끼쳐 붕어, 잉어 등 더러운 물에서도 살 수 있는 물고기도 살기 어려워진다. 그런데 거기다가 1급수의 물고기를 투여하다니, 다 부질없는 일이다.

6월 초에서 장마가 시작되는 하순 사이, 가뭄이 계속되면 넓은 강폭이 개울처럼 줄어들어 강바닥이 드러난다. 나는 평소에는 접근하기 힘들고 추측하기 어려운 강바닥을 보면서 물고기 서식지를 열심히 관찰한다. 쏘가리가 숨기 좋은 바위틈과 뱀장어가 서식하기 좋은 강둑의 구멍들, 누치와 끄리가 유영할 여울의 바닥 등을 두루두루 살핀다. 조과釣果를 높이기 위한 학습 활동이지만 나는 물고기들의 집과 마당과 사냥터를 돌아본 셈이다. 이 천연의 시설들이 아파트 건설과 토목 사업 회사 사장 출신인 대통령의 사업 추진에 의해서 콘크리트로 쌓고 포장한 인공물로 대체되는 것이다. 물고기들의 집은 아파트처럼 칸막이가 되고 마당과 사냥터는 시멘트로 포장된 물밑 광장으로 변하며, 흐르고 싶은 강물은 콘크리트의 거대한 더미에 가로막혀 고요히 가라앉으며 썩어간다.

……
강물도 흐르다 목이 마를 때가 있다

습한 곳에는 잡귀들만 꼬이는 법
갈증도 없이 어찌 흐를 수 있으랴
얼고 또 얼면서 흐르는 겨울 강
……

— 이원규, 〈강물도 목이 마르다〉 중에서

섬진강과 더불어 사는 지리산의 시인 이원규는 마른 강물을 보면서 강물이 목이 말라서 흐르고 싶어 한다고 노래한다. 강물은 물고기 같은 그 속의 생명체와 자갈 같은 무생물, 이 모든 것과 소통하면서 소통의 부재에 갈증을 느끼며 흐르고 또 흘러가고 싶어 한다. 보로 흐름을 제지당한 습한 곳에는 잡귀들만 꼬이는 법이다. 귀신들이 들끓는 보의 강안에서 낚시를 한다면 어떤 잡귀에게 당할지 알 수 없다. '낚시 금지'라는 팻말을 '지금 낚시'라고 바꿔도 나는 귀신이 나를 낚는 그런 곳에서는 낚시하지 않겠다.

강물은 거슬러 오르지 않고 높은 곳에서 낮은 곳으로 순리를 좇아 흘러간다. 법法이라는 한자도 물〔水〕이 흐르는〔去〕 것이라는 뜻에서 나왔다. 법 역시 강물처럼 순리대로 흘러야 한다. 이러한 법의 강물다운 정신에서 벗어나 순리에 역행하는 4대강 관련법은 마땅히 폐기 처분되어야 한다.

쓸데없는 공상을 하거나 불필요한 근심을 하는 사람을 두고 "강에 뚜껑 막을 놈"이라 일컫는 속담이 있다. 4대강 사업으로 고인 물에 약물을 풀어 수질 개선을 시킨다는 것은 쓸데없는 공상이고, 썩은 물 가득 받아놓겠다는 수자원 확보는 불필요한 근심이라고 할진대, '강에 뚜껑 막을 놈'은 과연 누구인가? 강에 맞는 뚜껑 따위는 만들 수도 없고 만들 생각도 해서는 안 된다. 또 다른 속담으로 대세를 모르고 분별없이 방책을 세우는 사람을 가리키는 "강물을 손바닥으로 막을 놈"이라는 말이 있다. 4대강 사업 추진자들은 손바닥이 아니라 튼튼한 콘크리트 보로 강을 막으니까 이 속담에서 자유로울 수 있다고 생각할 것이다. 그러나 자연 변화의 거대한 동력이라는 차원에서 보면 4대강의 보들은 손바닥으로 강을 막으려는 것이나 진배없다. 크나큰 재앙이 닥치기 전에 그 손바닥 얼른 들어 올리고 각자 엄마가 기다리는 집으로 돌아가기를 간곡하게 타이르고 싶다. 물장난은 정도껏 쳐야 한다. 옛사람들은 후손 중에 강을 말살할 자가 나올지도 모른다는 염려 때문에 이런 속담을 만든 듯하다.

내가 사랑하는 보 중의 하나는 섬진강 상류의 살뿌리보다. 곡성읍과 남원시 대강면 사이의 살뿌리보는 조선조 때 놓아 아직까지 원형 그대로 보존되어 있다. 살뿌리는 돌로 쌓아놓은 둑이다. 둑이라고는 하나 커다란 돌 사이에는 큼직한 틈이 있어 물살을 늦출 뿐 물을 가로막지는 않는다. 그래서 먹이, 안전, 산소를 고려하는 물고기들의 서식지, 사냥터가 되어 항상 물고기의 개체수가 많다. 갈수기에는 커다란 징검다리가 되고 홍수기에는 물밑에 그대로 잠긴다. 이 보는 물살의 빠르기를 잠시 막을 뿐 물과 물고기를 가두지 않는다.

전설에 의하면 이 보는 도깨비가 만든 도깨비살이라고 하는데, 우리나라 도깨비들이 대개 사람들에게 이로운 일을 하듯, 이 보를 쌓아 수량을 조절하고 물고기가 살기 좋은 곳으로 만들어 사람들이 낚시하기 편하게 한 독살의 일종이다. 무릇 강에 놓이는 보는 이런 형태가 되어야 한다는 것을 조선조 도깨비는 현명하게 스스로의 울력을 통해 보여주었다. 도깨비보다 못한 인간들이 4대강 보를 만든다고 설치는 요즈음, 친환경 도깨비가 살뿌리보를 만들었던 그 시대가 더욱 그립다.

살뿌리보에서 강물과 물고기와 같이 노닐었던 정겨운 추억을 상기하면서, 살뿌리 바위 위에 서 있는 듯이 그곳에 살고 있는 섬진강 물고기들의 정다운 이름들을 불러본다. 이들은 4대강 사업으로 쌓인 보 안에 갇혀 생사의 기로를 헤맬 가여운 물고기들과 동족이다. 안타까운 마음으로 하나씩 호명해본다.

쏘가리, 꺽지, 누치, 피라미, 갈겨니, 마자, 모래무지, 퉁가리, 동자개, 메기, 장어, 돌고기, 수수미꾸리, 은어, 가물치, 미꾸라지,

납자루, 쉬리, 몰개, 송사리, 그리고 이름 모를 수많은 물고기들아!

다시 만날 그날까지, 모두 모두 안녕!

강은 청춘을 닮아야 한다

조해진

도시에서 태어나 도시에서 자란 나에게 강이란 놀이의 공간이었다기보다 그저 멀리서 바라만 볼 수 있는 시선의 대상이었다. 1980년대 초반까지는 흔했던 집 앞의 개천은 악취 나는 새까만 괴물 같았고 한강은 언제나 적당히 탁해보였으므로 가까이 다가가는 것이 늘 주저됐다.

강이 내게 말을 걸어오는 걸 느낀 건 스물네 살에 떠났던, 친구와 나 둘만의 문학기행에서였다.

스물네 살에 나는 직업도 없고, 가진 것도 없고, 미래도 없는 사람이었다. 대학을 졸업해 출판사에 취업하긴 했지만 4개월 만에 그만두고 대학원 입시를 준비한답시고 부모님 눈치를 보며 집에서만 병든 짐승처럼 숨죽여 살았다. 죄를 지은 것도 아닌데도 죄인이 되어버린 것 같은 나날이었다. 그래서 여행을 가자는 친구의 제안에 나는 아무것도 묻지 않고 조용히 가방을 쌌다.

우리의 문학기행을 빙자한 여행은 김승옥의 성장 공간이자 소설 〈무진기행〉의 무대인 순천만에서 시작되어 섬진강과 지리산을 거쳐 경상남도 남해 금산에서 마무리됐다. 남해 금산에 간 것은 물론 이성복의 시 〈남해 금산〉 때문이었다.

섬진강에 도착했을 때였다.

한창 더울 때인 6월이었지만 섬진강엔 고성능 에어컨 바람보다 백 배는 시원하고 만 배는 상쾌한 바람이 불었다. 친구와 나는 섬진강의 금빛 모래밭에 앉아 소주를 꺼내 병째로 들이켰다. 그때 내가 마신 것은 나의 보잘것없는 청춘이었다. 꿈도 사치인 유약한 세계였고 아무도 사랑해주지 않는 모서리 많은 스물네 살이었다. 박경리의 대작 《토지》의 배경인 '평사리'를 품은 곳이자 김동리의 〈역마〉 속 '화개장터'와 이어진 곳이었으며 김용택 시인이 바라보고 시를 쓰던 그곳 섬진강은, 토닥토닥 내 어깨를 두드려주었다. 나는 조금 취했다. 모래밭에 대자로 누워 연한 푸른빛의 하늘이 연둣빛이 되었다가 분홍빛이 되는 과정을 지켜봤다. 구름은 또 다른 구름을 만나 양도 되고 코끼리도 되고 사람의 얼굴도 되어갔다.

한나절 취해 있다가 주섬주섬 일어나 강가 식당에서 늦은 점심으로 우리가 먹은 것은 재첩국이었다. 재첩은 섬진강에서 직접 채취한 것이라 했다. 뜨겁고 깔끔한 맛의 재첩국을 한 그릇 다 비우고 나자 취기는 금세 가라앉았다. 스물네 살의 얼뜬 치기도 함께 사라졌다. 좀 괜니? 맞은편에 앉아 있던 친구가 물었다. 나는 웃었다. 쑥스러워서였을 것이다. 아니, 어쩌면 행복해서였는지도 모른다. 그 재첩국의 원기를 받아 우리는 다시 걸을 수 있었다.

얼마 전 나는 작가선언6·9 소속으로 4대강 파괴 저지를 위한 낙동강 순례를 다녀왔다. 그곳에서 내가 본 것은 거대한 기계음 속에서 파헤쳐지고 있는 강바닥이었다. 일사천리로 베어지는 나무들이었고 사라지는 숲이었다. 황폐해지는 논밭이었고 시름에 젖은 농민들이었다. 4대강 공사가 지금의 속도로, 지금의 과정대로 진행된다면 2년 정도가 흐른 후 우리는 강 주변에서 반듯한 아스팔트 산책로, 현란한 조명, 철근 냄새 나는 편의시설과 현대적인 디자인의 건물들을 볼 수 있을 것이다. 어쩌면 꽤 그럴싸하고 화려한 유람선 한 척이 인공으로 수위를 높이고 보로 막아놓은 강물 위로 흘러가는 모습을 목격하게 될지도 모르겠다. 그 대신 우리는 이름 모를 수많은 생명체를 안아주었던 자연 상태의 숲과 습지, 갯벌과 맑게 흘러가는 강물을 잃을 것이다. 그리고 나를 울게도 했고 웃게도 해주었던 섬진강의 그 금빛 모래밭과 내 허기지고 가난했던 뱃속을 뜨겁게 위로해주었던 재첩도 더 이상 강과 공존하지는 못할 터이다. 우리들의 아름다웠던 강이 탁한 물줄기로 변했다가 종내엔 냄새나는 새까만 괴물로 변해가는 과정을 우리는, 그리고 우리의 다음 세대들은 괴롭게 지켜봐야 할 터이다.

지금도 기억나는 광고가 있다. 88올림픽을 앞두고 있을 때였으니 군사 독재가 우리의 눈과 귀를 막고 정당하다 말할 수 있는 모든 가치를 비웃던 시절이었겠지만, 당시 초등학생이었던 나에게는 눈에 보이지 않는 싸움까지 들여다볼 수 있는 투명한 시선은 없었다. 그래서 한강을 내려다보며 '이건 기적이야' 라고 낮게 속삭이던 어느 외국인이 나오는 공익 광고를 보면서 또 한 명의 한국인으로서 뿌듯한 감동을 느낄 수는 있었지만 그 감동의 이면에 도사리고 있는 엄청난 부조리는 알지 못했었다. 그 외국인은 한국전쟁에 참전한 바 있는 미국인이었던 걸로 기억한다. 아무려나 그 광고의 힘은 내게는 너무도 크게 작용해 개발 전의 강이란 오랫동안 더럽고 불결한 이미지로 각인되어 있었다. 나아가 도시의 낙후된 모든 것들이 당장이라도 아름답고 현대적으로 '개발' 되어야 한다는 이상한 고정관념도 갖게 되었다.

그 광고가 텔레비전 화면에서 사라진 지 20년이 지났다. 그 사이 광장을 사랑하는 민주주의는 수많은 사람들의 희생 위에서 조금씩 우리에게 다가왔고, 무조건 개발해서 남들도 인정할 수 있게 잘살아보자는 신념보다는 함께 나누고 같이 가자는 가치도 미약하게나마 우리들의 이념 속에 한 자리를 차지하게 되었다. 그러나, 그럼에도, 광장을 잃어버린 2010년의 우리는 그 광고의 새로운 버전을 수시로 목격할 수밖에 없다. 4대강을 살린다는 공익 광고를 볼 때마다, '깨어나라, 낙동강아', '금수강촌 사업' 같은 문구를 발견할 때마다, 20여 년의 세월은 대체 어디로 가버린 것일까, 나는 궁금해진다.

강은 흘러가야 한다. 개발에 대한 맹목적인 믿음이 구시대적이며 합리적인 절차 없는 국가적 사업이 반민주적이라는 이론적인 반대보다 앞서는 것은, 흘러가는 강을 막아 하나의 생명 공동체인 강을 죽이려는 그 반자연적인 태도에 대한 한 인간으로서의 반대다.

십여 년 전, 섬진강은 나의 한 시절을 품고 흘러갔다. 나의 열정과 좌절, 고통과 희망을 보듬고 다시는 돌아오지 않을 곳을 향해 멀리멀리 갔다. 그 강이 멀리 갈 수 있었기에 나는 다른 곳으로 걸어갈 용기를 얻었다. 지금도 나의 한 시절을 담은 강은 어딘가를 향해 흘러가고 있을 것이다. 또 다른 누군가의 한숨과 눈물을 담아 흩어지고 합수하고 굴절되고 낙하하며 흘러갈 것이다. 아니, 흘러가야 할 것이다. 강은 그 누구의 것도 아닌 채로 원래의 모습 그대로 나의 청춘과 당신의 청춘, 그리고 나와 당신이 지켜줘야 하는 후대들의 청춘을 담고 흘러가야 한다. 영원히, 정권이 바뀌고도 영원히, 역사적 평가가 끝난 후에도 영원히, 우리들의 청춘처럼 혹은 인생처럼 흐르고 또 흘러야 한다. 그것이, 이 우주의 진리이며 우리가 고독한 책상 앞에서 펜을 드는 이유다.

하늘에서 온 강江

차창룡

기꺼이 속됨에 물들다. 모든 강은 하늘에서 내려왔다

바라나시의 갠지스 강에서 꽃불을 파는 소년. 영혼의 정화와 진정한 안식을 염원하는 마음으로 인도인들은 물 위에 꽃불을 띄운다.

강은 물의 길이다. 물은 중력이라는 군주의 충실한 신하다. 중력의 명령은 아래로 내려가라는 단순하기 그지없는 것이다. 그 명령에 가장 유연하게 복종하는 물질이 물이다. 없는 길을 만들면서 물은 아래로 아래로, 바위는 비켜가면서 돌멩이는 닦아주고 모래는 쓰다듬으며 아래로 아래로 바다로 간다. 산꼭대기부터 바다까지 이어지는 기나긴 여정을 마친 강은 사라지지 않는다. 강의 선배가 바다로 가면 강의 후배가 뒤를 이어 강의 역사는 구불구불 넘실넘

실 줄기차다. 강은 죽어가면서 끊임없이 재생된다. 강은 부드러운 몸매와 활력 넘치는 근육과 미끈한 피부와 감미로운 빛깔과 은밀한 향기와 우렁찬 함성과 소리 없는 노래를 동시에 가졌다.

"와, 저 셀 수 없는 강물은, 노래하는 강물은, 말 없는 강물은 어디에서 온 것일까?"

느닷없이 도시의 한복판을 가르는 강물을 볼 때마다 내 마음은 그 기적 앞에서 경탄에 경탄을 거듭한다. 햇살과 마찰하면서 빚어내는 빛깔과 중력에 순응하려는 강물의 운동과 그 운명에 저항하는 돌들의 합창과 거칠거나 부드러운 바람의 숨결을 받아들이며 일으키는 파도는 참으로 신비로운 화음이다. 이 신비로운 화음의 발원지는 신화다.

옛날 코살라 왕국의 딜리파 왕은 성자에게 저주를 받아 지옥에 간 조상들을 위해 기도와 고행에 열중했다. 하늘에서 흐르는 강 강가(갠지스)를 땅으로 흐르게 하면 지옥에 간 조상들이 구원받을 수 있었기 때문이다. 하루도 쉬지 않고 기도하다가 늙어가는 모습을 지켜본 창조의 신 브라흐마가 응답했다.

"네 아들이 천상의 강물을 땅으로 끌어내릴 수 있을 것이다."

딜리파의 아들 바기라타 왕도 즉위한 후 혹독한 고행과 경건한 기도로 신의 응답을 기다렸다. 마침내 브라흐마 신이 나타났다.

"내가 네 소원을 들어주겠다. 그러나 하늘의 강이 땅으로 떨어지면 땅은 산산조각 나고 말 것이다. 하늘에서 내려오는 거센 물줄기를 받아서 땅 위에 조금씩 부드럽게 내려놓을 수 있는 이가 있다면, 하늘의 강가를 내려보낼 것이다."

바기라타는 하늘의 강을 받아낼 수 있는 이는 파괴의 신 시바밖에 없다고 생각하고 시바를 향해 정성을 다해 요가와 기도를 행했다. 시바는 바기라타의 정성에 감복해서 자신의 머리카락으로 강물을 받은 후 땅 위에 부드럽게 내려놓겠노라고 약속했다.

그런데 이번에는 자존심 강한 강가 여신이 문제였다. 여신은 자신의 육체를 시바의 머리카락으로 받는다는 것이 기분 나빴다. 그녀는 하늘에서 떨어질 때 힘껏 힘을 주어 시바를 혼내주리라 마음먹었다. 강가 여신의 마음을 알아챈 시바는 하늘에서 떨어지는 강물을 머리카락 속에 가둬버렸다. 그때부터 강가에게는 '시바의 머리카락'이라는 별명이 생겼다. 예기치 않은 일로 난관에 부딪히자 바기라타는 시바 앞에 엎드려 간청했다.

"위대한 시바 신이시여, 불쌍한 인간들에게 은혜를 베푸시오소서."

시바는 못 이긴 척하고 강물을 풀어주었다. 바기라타 왕이 앞장서서 물이 가야 할 길을 안내했다. 이렇게 하여 하늘에서 흐르던 갠지스 강이 땅 위에서 흐르게 된 것이다.

강의 발원지가 하늘이라는 것은 단지 신화적 진실인 것만은 아니다. 생각해보면, 세상 모든 강의 발원지는 하늘이다. 강의 발원지를 찾기 위해 강물을 거슬러 올라가면, 강물은 가늘어지면서 산으로 오르고 마침내는 사라져버리고 만다. 도대체 강의 발원지는 어디란 말인가? 눈앞에는 바위요, 고개를 들면 하늘이다. 강이 하늘로부터 내려왔다는 인도인의 신비로운 생각이 내 마음속에서 현실이 되는 것이다. 그때 하늘은 갑자기 시원한 빗줄기를 내려보낸다. 빗방울을 모아둔 나무들은 그것들을 흙 속이나 바위틈으로 보내고, 바위틈에 모여 있던 물은 한 곳에 더 머물 수 없을 때 계곡으로 간다. 계곡물과 계곡물은 합쳐져 개울물이 되고, 개울물과 개울물이 합쳐져 냇물이 되고, 냇물과 냇물이 모여서 강이 되니, 세상 모든 강은 결국 하늘에서 내려온 것 아니겠는가?

강은 삶과 죽음이 소용돌이치는 곳

강은 아름다운 여신이 기꺼이 땅으로 내려와 베풀어주는 젖줄이다. 몸의 가장 큰 비중을 땅에 밀착하고 뱀처럼 낮은 자세로 유유히 낮은 곳으로 낮은 곳으로 흘러가는 여신의 마음은 인간 세상의 그 어떤 것으로도 적확하게 비유할 수 없다. 사람들은 여신과 기꺼이 몸을 섞고 아기를 낳는다. 남자만 여신과 몸을 섞는 것이 아니라 여자도 마찬가지며, 남자도 여자도 아닌 이도, 남자이면서 여자인 이도 매한가지다. 여신은 우리 모두의 연인이다. 이 지극히 매혹적인 연인을 둘러싸고 사람들은 일찍이 문명을 건설했다. 강을 끼고 건설된 문명은 끊임없이 흥망성쇠를 거듭하며 강 같은 운명을 지속하고 있다.

이중환은 《택리지擇里志》에서 바닷가에 사는 것은 강가에 사는 것만 못하고, 강가에 사는 것은 시냇가에 사는 것만 못하다고 했다. 바닷가는 바람이 많아서 사람의 얼굴이 검어지기 쉽고, 샘물이 귀하고, 토지에는 염분이 많고, 각종 전염병도 창궐하며, 강가는 지리에 어그러짐이 많아 홍망이 무상하다는 것이다.

이중환은 또 "대개 큰 강이 거슬러 드는 곳은 집터나 산소 터를 가릴 것 없이 처음은 비록 흥하나 오래가면 패망하지 않는 일이 없다"고 말했다. 실제로 강가에 사는 사람들은 홍수 등의 자연재해로 큰 피해를 입는 경우가 많고 강가에 문명을 건설한 이들도 홍망을 거듭했지만, 아직도 강가에는 무수한 사람들이 터전을 일구고 있다. 강은 그만큼 매력적인 우리의 연인이자 여신이기 때문이며, 현실적으로는 우리에게 농사를 짓고 공장을 돌리는 데 필요한 물을 공급해주기 때문이다.

강은 삶의 공간이면서 또한 죽음의 공간이기도 하다. 강이 생명의 어머니이자 잔인한 살인자이기 때문만은 아니다. 인도인에게 강은 죽음을 맞이하는 가장 성스러운 장소다. 바라나시의 갠지스 강은 물과 불이 합쳐지는 죽음의 공간이다. 물도 신이요, 불도 신이다. 물이 육체와 영혼을 정화시켜주듯이 불도 시체를 정화시켜주며, 물과 불이 함께 인간 영혼을 신들의 세계로 인도해준다. 물에 띄운 꽃불은 영혼의 정화와 진정한 안식을 구하는 인간의 염원이다. 인도인들은 마지막 불꽃을 피워 올리기 위해 죽음이 다가오면 강가로 간다.

신은 우리에게 꿈을 주었다. 꿈은 물이다

강은 성스러운 하늘의 속성과 세속적인 하수구의 속성을 함께 가지고 있다. 하늘로부터 내려왔으면서도 인간이 내뱉은 분비물을 받아서 분해해준다. 강은 인간의 마음을 품어 안고 있다. 강은 우리의 마음을 속속들이 들여다보기 위해 땅속으로도 흐른다. 지구가 생명체가 살 수 있는 공간이 되는 것은 땅 위로 땅속으로 강이 흐르고 있기 때문이다.

강은 지구의 창자다. 아니 우리의 창자다. 우리의 몸속에는 강이 흐른다. 때로는 핏줄이 되어 때로는 창자가 되어 육체에 끊임없이 생명을 불어넣어 주는 강, 우리 몸 안에 신이 살고 있는 것이다. 그런데 음식이 입에서 항문까지 가는 데 오래 걸린다고 창자의 길을 넓힌다면 어떻게 될까?

강은 신이다. 신은 신의 언어로 말한다. 아주 드물게 신의 언어가 인간의 언어로 번역되기도 했지만, 신의 언어는 인간의 언어로 완벽하게 번역되기는 힘들다. 그러나 인간이 상상력을 확장해보면 어렴풋이라도 신의 언어를 들을 수 있다. 강을 봉합하고 확장하고 요리하는 인간의 상상력은 신을 종으로 부리겠다는 상상력이다. 신은 자애로우면서도 무섭다. 인간의 섬김을 받는 신은 한없이 자비롭지만, 인간에게 이용당하는 신은 폭군이 될 것이다.

강은 신이지만 인간과 기꺼이 함께 살아가는 성과 속의 경계에 있다. 성도 속도 아닌 자리에서 인간의 마음을 어루만져주는 강은 차안과 피안의 경계에 있다. 삶과 죽음의 경계에 있다. 건설과 파괴의 경계에 있다. 경계에 존재하는 것, 그것이 이 신의 성격이다. 균형을 잃을 때 신은 신이 아니며, 그때의 재앙은 신조차도 책임질 수 없다.

신은 우리에게 꿈을 주었다. 꿈은 물이다.
신은 우리에게 독을 주었다. 독은 오만이다.
강은 술이다. 폭탄주는 마실 때는 좋다.

나를 내어주려 곧지 않고 부러 굽었소

최승호

한국에는 사막이 없다. 고비사막에서 돌아와 내가 새삼 알게 된 것은 한반도에는 사막이 없다는 사실이었다. 고비에서 나는 날마다 누런 흙먼지 낀 눈으로 황막한 사막을 바라보곤 했다. 물 없는 고비, 땅에는 돌멩이와 거친 모래와 낙타의 뼈가 뒹굴고 있을 뿐 들장미 한 송이 없었고, 모래산 위에 하늘이 펼쳐져 있었지만 날아가는 새 한 마리 보이지 않았다. 강물이 말라버린 텅 빈 강들과 호수가 통째로 증발해버린 호수들, 사막화가 빠르게 진행되면서 광활한 초원은 황량한 대평원으로 변해 있었고, 고비는 사막의 영토를 더 확장하면서 이동하는 중이었다.

사막에서 돌아와 인천공항에서 버스를 타고 집으로 돌아오는 길에 창밖에 펼쳐진 풍경은 다소 낯설고 충격적이었다. 이곳에는 바다가 있다. 갯벌이 있다. 갈매기가 있다. 산에는 나무들이 있고 땅으로는 물이 흐르고 있다. 그리고 강은 동쪽의 높은 산들로부터 서쪽으로 흘러내려 바다로 흘러든다.

사막이 없는 나라, 거대한 낙타 등처럼 산봉우리들이 솟아 있는 나라. 강원도에는 산들이 많다. 산을 넘으면 산이고 고개를 넘어가면 또 고개다. 길들은 꼬불꼬불하고 물은 구불구불하게 흐른다. 지금은 서울이라는 대도시에 살고 있지만 나는 많은 시간을 산들에 둘러싸인 내륙 분지, 춘천에서 보냈다. 춘천에는 인공 호수가 세 개나 있다. 소양호, 춘천호, 의암호가 그것이다. 그 안개 잦은 분지에는 댐 때문에 흐름이 끊긴 강들이 있다. 소양강, 대바지강, 신영강. 쓰레기와 오물이 불어나는 인공 호수 바닥에 잠들어버린 그 강들이 다시 시퍼렇게 살아 흐르는 날은 언제일까. 다시 말해 아름다운 강들이 죽은 춘천에는 댐이 세 개나 있다. 댐. 댐. 댐. 그 댐들도 언젠가는, 어쩌면 한 이만 년쯤 뒤에, 폐석 조각들로 변해 있을 것이다. 그때는 도마뱀이 붕괴된 댐 위에 배를 깔고 엎드린 채 햇볕을 쬐고 있지 않을까. 그때는 어쩌면 고향을 잃고 방황하던 연어들이 댐을 넘어 물비린내 그리운 어린 날의 고향으로, 어머니의 개울로 올라가고 있지 않을까.

나는 물의 행성, 지구라는 수려한 별의 온대 지방에 살고 있다. 온대는 점점 아열대가 되어간다. 그래도 아직은 겨울이 오면 태백산맥에 많은 눈이 내린다. 대설주의보 속의 진부령, 미시령, 한계령, 대관령, 눈 덮인 산봉우리들은 하늘로 희디흰 머리를 들며 솟아오르고 폭설에 산간 마을은 자주 고립된다. 눈으로 끊긴 도로와 눈 더미를 밀어내는 제설차들, 굶주려 마을로 내려오는 산짐승들의 발자국, 외딴집 처마에 고드름들이 자라고 꽝꽝 얼어붙은 개울에는 눈이 쌓인다. 그 장엄한 설경雪景이 눈송이들로 화하는 물의 변신술이 아니었다면 있을 수 있는 풍경이겠는가.

따뜻한 남쪽에서 지저귀던 새들이 바다를 건너오는 봄이 오면 백두대간의 얼음과 눈은 녹아내리기 시작한다. 적막이 깊어지고 고독이 자라나던 긴 겨울 뒤에 비로소 흐름의 시절이 다시 찾아오는 것이다. 마지막이 새로운 시작이라는 것을 알고 있다는 듯이 물은 얼어붙었던 절벽에서 두려움 없이 떨어진다. 그리고 낮은 곳을 향하여 흘러가는 것이다. 폭포를 만나면 폭포를 이루고 소용돌이를 만나면 소용돌이를 따른다. 바위틈으로 가야 하면 틈새로 흘러가고, 땅속으로 스며야 하면 스며들어 흙모래 속으로 흐른다. 도롱뇽은 이런 물의 성질을 잘 아는 양서류다. 물이 있으면 헤엄쳐가고 물이 없는 곳에서는 네 발로 걸어서 간다. 찬바람 붐비던 골짜기에 봄기운이 돌고 얼어붙었던 실개울이 졸졸 흐를 즈음이면 도롱뇽은 알을 낳으려고 계곡을 돌아다닌다. 어떻게 그 작은 몸에서 그렇게 순대처럼 길쭉한 알주머니가 빠져나오는지, 신기하게도 알주머니 속의 알들은 나중에 다 귀엽고 우스꽝스럽게 생긴 도롱뇽이 된다.

생명의 신비는 물의 신비이기도 하다. 삼엽충과 바다전갈과 공룡들, 코끼리와 낙타와 흰수염고래, 있는 힘을 다해 진화한 그 모든 동물을 한 줄로 꿰고 있는 실이자 끈인 물, 거미줄에 매달려 이슬로 반짝거리기도 하는, 물, 풀잎 위의 물방울들. 물처럼 연약해 보이는 물질도 드물 것이다. 하지만 물은 때때로 큰 돌덩어리들을 계곡 아래로 굴러버린다. 산의 실핏줄 같은 실개울들이 모여드는 골짜기에는, 물질의 나이로 해왕성과 동갑인 돌들을 쓰다듬고 어루만지면서 흘러내리는 개울물이 있게 마련이다. 계곡으로 한번 굴러떨어진 돌들은 좀처럼 움직이지 않는다. 하지만 큰물이 지면 돌덩어리들은 물이 굴리는 대로 구르며 이동하기 시작한다. 마치 개울 아래 큰 강으로 가야 한다는 듯이 말이다.

강에는 이 산 저 산에서 굴러온 돌들이 있다. 그 제멋대로 생긴 돌들은 왜 물을 따라 여행을 하는 것일까. 강가에는 악어 알만 한 돌도 있고 돌도끼처럼 뾰족한 자갈도 있다. 그 돌들은 기나긴 여행 뒤에 매끄러운 조약돌이 된다. 아주 드문 일이기는 하지만 강변에 수석을 주우러 다니는 남자가 나타날 때가 있다. 그는 이리저리 돌밭을 돌아다닌다. 그의 눈은 돌들로 가득 차 있다. 허리를 구부리고 있거나 펴고 있거나 그는 이미 마음속에 묵직한 돌덩어리를 모셔놓은 사람이다. 그런가 하면 강가에 나타나는 낚시꾼들은 떡밥을 주무르고 구더기나 지렁이를 바늘에 꿰면서 피라미 혹은 모래무지를 낚을 뿐, 풍경을 낚을 마음들은 없는 것 같다. 빈 낚싯대를 드리웠던 강태공은 이해하리라. 빈 배에 달빛 가득 싣고 돌아온다는 말을.

강은 여백의 조각술을 지니고 있다. 숨 쉴 만한 여백의 공간을 스스로 넓혀가는 것이다. 강변은 강의 여백이다. 강은 때가 되면 흙탕물로 양쪽 강변을 힘차게 뭉개면서 흐름의 폭을 넓힐 수 있다. 좁다랗게 모랫둑을 쌓으면 둑을 터뜨리고 콘크리트 제방을 쌓으면 그 제방을 넘어 범람하면서 강은 여백의 공간을 되찾을 힘을 지니고 있다. 맑은 날 물은 참 얌전해 보인다. 네모난 물통에 담으면 물은 네모가 되고 둥근 그릇에 담으면 둥글어진다. 물은 바보처럼 늘 남에게 지는 듯하다. 물은 뼈도 없고 근육도 없고 고집도 없는 듯하다. 하지만 낮은 자리를 고집하면서 결국에는 낮은 곳으로 흘러간다. 그 끈질기게 게으르고 느긋한 물의 고집을 과연 누가 꺾을 수 있을까.

어떤 사람은 강을 물 흘러넘치는 목욕탕쯤으로 생각한다. 그는 서늘한 탕으로 들어가듯이 강물에 발을 담근 다음 발의 때를 민다. 그러면 떨어진 때를 먹으려고 송사리 떼가 몰려온다. 그 누구도 같은 물에 두 번 발을 담글 수는 없다! 우리는 헤라클레이토스의 그 말을 너무 흔하게 듣는다. 눈에 푸른 지중해를 담고 있던 그리스인, 그 철학자는 지금 어디 있는가. 우리가 지금 여기의 삶을 사랑하면서 살고 있지 않다면 그의 말은 한낱 묵은 때처럼 떠내려온 말이고 헛되이 떠내려가다 사라질 말에 불과하다. 그런가 하면, 이제는 그런 사람이 없겠지만, 어떤 사람은 강에서 세차를 한다. 세제를 뿌리고 걸레질을 하고 나면 차의 외양이 깨끗해진다. 떠내려가는 거품들과 뜬 기름, 더러워도 강은 아무 말도 하지 않는다. 홍수로 차를 쓸어버릴 수도 있을 텐데, 사나운 흙탕물로 거만한 인간들을 겸손한 익사체로 만들 수도 있을 텐데, 만물을 섬기는 듯이 공손하게, 만물을 먹여 살리느라 쉬지 않고 흐르는 강은 두 날개를 펴고 앞으로 나아가는 새처럼 양안兩岸을 품고 흘러간다, 구불구불하게.

강은 똑바로, 직선으로 가지 않는다. 강은 되새김질을 즐기는 초식동물의 긴 창자처럼 구불구불하게 흐르면서 물을 빨아들이는 초목의 뿌리들에게 기꺼이 자신을 내어주는 듯하다. 그렇다. 강은 대지의 혈관이요, 생명의 젖줄이다. 자라가 그 젖줄을 물고 알을 낳고, 수달이 그 젖줄을 물고 천진스럽게 장난을 치며, 왜가리는 그 젖줄을 물고 하늘로 훨훨 날아오른다. 두만강이든 한강이든 낙동강이든 우리의 수도꼭지에서 날마다 쏟아지는 물은 강이라는 것을 기억하자. 누구나 그 생명의 젖줄을 물고 평생 살아야 하며, 세상을 뜰 때가 되어서야 그 젖줄을 입에서 뗀다. 쉽게 말하자면 죽음이란 심장으로 혈관으로 강이 흐르지 않는 것이다. 다시 말하자면 죽음이란 물이 없는 것이다.

고비에서 나는 세수 안 한 얼굴로 낙타처럼 열흘을 견뎌야 했다. 물은 귀하다. 사람도 귀하다. 세상에는 값을 매길 수 없는 것들이 존재한다. 어린아이의 웃음은 얼마인가. 은하수는 얼마인가. 해질녘 여울 물소리는 얼마인가.

내 마음속 남한강

최용탁

마을 앞에는 큰 개울이 흐르고 뒤로는 작은 개울이 있었다. 작은 개울은 고만고만한 골짝에서 내린 물이 모이고 모여 가문 날이 오래면 바닥이 드러나기도 했으나 큰 개울은 사시사철 거울처럼 맑은 물이 여울과 소를 이루며 끊이지 않았다. 월악산에서 시작해 장자봉, 까치산에서 내린 물을 더하고 송계, 복평, 북노, 역말, 신당이라는 이름으로 엎드린 마을과 들을 적시며 남한강에 합친 물이 되기까지 물길 삼십 리였다.

강에는 아침저녁으로 사람을 건네주던 나룻배가 있었고, 얼굴에 늘 종기를 달고 살던, 노를 저으며 알 수 없는 노래를 부르던, 붉은 얼굴의 사공이 있었다. 잔잔한 뱃길을 지나면 강물이 무섭게 요동치며 흘렀다. 강물 가운데 솟은 검은 바위(산에서 굴러떨어진 것이었다)에 부딪쳐 하얀 포말을 일으키며 넘실대던 그 물결은 알 수 없는 두려움을 불러일으켰다. 해마다 누군가가 그 물에 휩쓸려 죽었다……. 내가 기억하는 남한강에 대해 나는 과거형으로밖에 말할 수 없다. 다시는 갈 수 없는 곳, 내가 열일곱 살까지 살던 그 남한강변은 충주댐이 세워지면서 크나큰 호수 밑으로 가라앉았다. 저녁놀에 피라미가 뛰던 삼십 리 여울도, 장자봉에 뜬 달이 이지러지던 강물도, 이제는 이동순의 시 구절처럼 내 가슴속에 '홀로 글썽이는' 물이 되고 말았다.

고향이 사라졌다는 사실은 갈수록 비통함을 더한다. 내 삶이, 뽑혀 땡볕에 버려진 쇠비름처럼 시들부들한 이유를 고향을 잃어버렸기 때문이라고 스스로 진단하기도 한다. 하지만 돌이켜 생각하면 모든 온전한 것은 다만 추억 속에 있을 뿐이다. 그 아름답던 풍경이 지금껏 남아 있다면 얼마나 큰 고초를 겪을 것인가. 사라짐으로써 비천한 욕망들에게 능욕당하지 않은 남한강은 오롯이 내 가슴속에 남았다. 사물의 경이와 아름다움이 예술이 싹트는 시작이라면 내 글쓰기 역시 남한강의 어느 여울에서 비롯되었으리라.

나는 기억한다.

여덟 살의 여름, 뱃물이 들어오고 있었다. 큰비가 내려 강으로 흘러들던 물이 미처 강으로 합류하지 못하고 역류하는 것을 어른들은 '뱃물이 들어온다'고 했다. 앞산에 올라가서 본 광경은 너무나 놀라웠다. 이미 강은 흔적도 없고 황토물이 바다를 이루어 올라오고 있었다. 드넓던 큰 들 논배미가, 골짜기의 마을들이 모두 잠겼고 사람들은 두려움에 휩싸였다. 누구누구네 집이 폭삭 넘어졌고, 그날 우리 집 외양간 한 귀퉁이도 무너졌다. 그렇게 저녁나절이나 되었을까, 어느 노인이 '이제 나가신다'고 했다. 한 뼘이 밀려왔다가 두 뼘이 나간다고도 했다. 과연 다음날 아침에는 황토물이 멀찍이 물러났고 나는 삽을 들고 논배미로 향하는 어른들을 따라 나갔다. 그리고 믿기 어려운 광경을 보았다. 아직 물이 차서 겨우 논둑만 드러난 논 가운데에 어린애만 한 잉어들이 뛰고 있었다. 새 풀내를 맡은 잉어들이 물을 따라 올라온 것인데, 나는 지느러미를 드러내고 노니는 잉어와 그들을 쫓으며 삽자루를 내려치는 어른들의 모습을 보며 어떤 환상을 보는 것 같은 느낌에 빠졌다. 실제로 등이며 머리에 삽날을 받은 잉어들을 들쳐 멘 어른들의 등에 흐르던 피와 왠지 나를 쳐다보는 것 같던 잉어의 붉은 눈을 아직도 잊을 수 없다. 나중에 안 일이었지만 그 잉어들이 온 곳은 남한강이 아니었다. 강에는 그렇게 큰 잉어들이 살지 않았다.

남한강의 물살이 세차게 흐르다 제힘을 못 이겨 한 자락 물길이 빠져나와 돌아가면서 마을 아래쪽에 소沼를 이룬 곳이 있었다. 어떻게 강가에 그런 소가 만들어졌는지 내 알음으로는 설명할 길이 없지만, 어른들 말로는 실 한 꾸리가 풀린다는 깊고 깊은 소였다. 그곳을 용수깨미라고 불렀는데, 물이 계속 돌고 있어서 수영을 아무리 잘하더라도 들어가면 빠져나오지 못한다고 했다. 전설에 따르면, 병자호란을 당한 한 장수가 치욕을 이기지 못하고 이 소에 몸을 던져 죽었는데, 그가 타던 애마가 사흘 밤낮을 울며 소를 돌다가 주인을 따라 죽었다고 했다. 그 후로 말이 돌던 방향으로 물이 돈다고 했다. 소의 가장자리에는 버드나무가 자라나 가늘고 긴 가지를 물속에 드리우고 있었다. 우리는 용수깨미에 들어가지는 않았지만 그 옆에 미루나무 숲과 꽤 널찍한 모래밭이 있어서 놀이터로 삼곤 했다. 뱃물이 들어올 때 올라왔던 잉어가 사는 곳이 바로 그 소였다. 나는 어느 어스름녘에 버드나무에 올라와 앉아 있던 시커먼 가물치를 본 적이 있다. 먼 옛날의 전설과 들어갈 수 없는 금기의 물, 가물치가 나무에 앉아 있던 그 깊은 소, 그 무렵 세상을 뜬 누이의 기억과 더불어 용수깨미는 내 안에 인간이 건널 수 없는 어떤 심연으로 자리 잡았다.

어린 시절에 주로 놀던 곳은 검푸른 남한강이 아니라 월악산에서 흘러내린 앞개울이었다. 개울이라도 한 길이 넘는 곳이 많아 멱 감기에 모자람이 없고 메기, 동자개, 쉬리, 꺽지 같은 물고기들이 돌 밑마다 숨어 있어 맨손으로도 얼마든지 움켜낼 수 있었다. 잡은 고기를 버드나무 가지에 꿰어오면 마늘잎을 넣고 자작하게 졸여낸 저녁 반찬을 먹을 수 있었다.

중학교 1학년 여름, 나는 멱을 감다가 무언가가 목에 감기는 느낌에 선뜩 놀랐다. 그것은 다홍색 옷고름이었다. 고운 색깔의 그 옷고름을 돌 위에 올려놓고 몸을 말리다가 나는 기이한 생각에 빠졌다. 마을 뒷산에는 굽은 소나무가 한 그루 있었는데, 그 나무에 내가 태어나기 오래전에 속아서 우리 마을로 시집온 젊은 색시가 명주로 목을 매 죽었다고 했다. 그 새댁 이야기를 나는 할머니에게서 여러 차례 들었다. 얼굴이 박속처럼 희고 고왔다던 색시가 강 건너 친정이 바라다보이는 뒷산에 올라 목을 매는 광경이 꿈속에 나타나기도 했다. 그런데 여울을 흘러온 다홍 옷고름을 보자 곧바로 그 색시가 떠올랐던 것이다. 나는 알 수 없는 기분이 되어 갖가지 상상으로 옷고름을 만지작거리다가 다시 물 위로 띄워 보냈다. 물살에 실려 흐느적거리며 떠내려가던 그 옷고름은 내게 지울 수 없는 어떤 이미지를 남겼다. 그 이미지가 나를 소설로 이끈 그 무엇이었을지도 모르겠다.

중학교 3년 동안 나는 자전거를 타고 십 리 길을 다녔다. 신작로를 따라가는 큰길과 지름길인 강변길이 있었다. 강변은 자갈길이라 자전거를 타기보다 끌고가는 길이었지만 하굣길은 대개 강변을 택했다. 강 건너에서 오는 친한 친구가 있어 나루터까지 함께 가는 재미가 있었다. 오 리쯤 같이 걸어와 그 친구는 배를 타는데, 뱃전에 서서 내게 손을 흔드는 친구의 모습은 늘 어디 먼 곳으로 떠나는 것 같은 느낌을 주곤 했다. 강 하나 사이지만 나는 그 너머를 가본 적이 없어서 왠지 친구가 사는 마을은 다른 세상처럼 느껴졌다. 그리고 노을 비낄 무렵이면 문득 조용해지는 강물 소리, 바람에 우수수 눕던 억새들, 앞서 가는 여학생들의 종아리가 나를 강변길로 이끄는 것들이었다. 내게 최초로 성적인 암시를 주었던 또래 여학생들의 매끈한 종아리에 깊이 천착(?)할 수 있었던 것도 그 강변길 덕분이었음을 이제는 고백할 수 있겠다.

처음 술을 배운 곳도 바로 남한강이었다. 워낙 후미진 산골이다 보니 내가 중학교에 들어갈 때만 해도 나보다 서너 살이나 많은 학생들이 여럿 있었다. 마을 청년이라고나 해야 할 학생들은 주말이면 학교 바로 뒤에 흐르는 강에서 천렵을 하곤 했는데, 그 때마다 되들이 소주를 받아오곤 했다. 안주는 초고추장 한 보시기가 다였다. 큰 돌을 들어 물속의 납작한 돌을 내리치면 꺽지, 쉬리, 쏘가리 따위가 기절을 하거나 배가 터져서 줄줄이 나왔고, 내장만 빼고 통째로 초장에 찍어 먹었다. 덩치가 컸던 나는 그들과 어울려 날로 먹는 민물고기 맛을 알았고, 중학교를 졸업할 무렵엔 제법 술맛을 아는 술꾼이 되었다.

그 당시에는 몰랐지만 나중에 그 의미를 알고 숙연했던 일도 있었다.

내가 살던 마을에서 건너편으로 오 리쯤 올라가면 나오는 동네가 북노리였다. 그 마을 바로 앞은 삼십 리 여울 중에도 꽤 크게 소를 이룬 곳이고 물속에 큰 바위들이 많아 팔뚝만 한 메기나 동자개 같은 고기들이 많았다. 나는 그 마을에 친한 친구도 있고 해서 자주 놀러가는 편이었다. 대나무의 속을 비워 만든 작살로 고기를 잡기도 하고 방학이면 친구 집에서 이삼일씩 놀다오기도 했다. 그런데 그해 가을이던가. 그 마을에 이십 년도 넘게 감옥살이를 한 사람이 돌아왔다고 했다. 이씨들이 많이 살던 마을이었고 내 친구 역시 그러했는데, 그 오랜 감옥살이의 주인공이 친구의 큰아버지뻘이었다. 놀랍게도 그 사람은 간첩이라고 했다. 우리 집은 전쟁 때 좌익으로 몰려 풍비박산이 되었던지라 매사에 두려움이 많던 아버지는 내게 북노리 친구 집 출입을 금지시켰다. 나로서도 학교에서 배운 간첩이 같은 마을에 산다는 게 얼핏 이해되지 않았다. 그런데 내게 글재주가 있음을 알고 아껴주던 국어 선생님이 학교가 파하면 자전거를 타고 매일 북노리로 향하는 것이었다. 아직 총각이었던 선생님은 늘 두터운 옥편을 가지고 공부를 했는데, 누군가에게 배우러 다닌다고 했다. 그 누군가가 바로 감옥에서 나온 사람이었고, 훗날 안 것이지만 이문학회를 만든 노촌 이구영 선생이었다. 내가 선생이 쓴 책을 통해 내 집안의 과거를 알고, 더불어 내가 살던 월악산과 남한강에 피어린 역사가 숨어 있음을 알게 된 것은 물론 먼 훗날이었다.

내가 아는 남한강은 불과 수킬로 남짓한, 지금은 사라진 어느 구간이다. 그러나 바로 그곳에서 내 생애의 의미가 시작되었다. 누구에게나 세상에서 처음 만난 풍경은 지울 수 없는 화인으로 남는 것이고, 나는 내 유년기와 청소년기를 오롯이 그곳에서 보낸 것을 감사하게 생각한다. 아직도 나는 뱃물이 나가고 난 다음의 그 부드러운 개흙의 감촉을 발바닥에 간직하고 있으며, 강물에 거꾸로 잠기던 산 그림자와 달빛의 기억에 숨이 막힌다. 외로움과 두려움, 사랑과 글쓰기의 시작도 그곳이었으므로 나, 그 강물에서 멀리 가지는 못하리라.

사람과 사람 사이, 강물처럼 글이 흐른다

하성란

내린천은 소양강의 수많은 지류 중 하나이다. 그 많은 지류들을 끌어안고 유장하게 흘러가는 소양강도 한강의 제2지류이고 북한강의 제1지류이다. 어떤 강이든 원줄기로 흘러들거나 원줄기에서 갈려 나왔다는 말일 것이다. 그러니 경중輕重을 따질 수 없다는 말일 것이다.

홍천군 내면 동쪽의 소계방산에서 발원한 계방천과 내면 남쪽의 홍정산 기슭에서 발원한 자운천이 내면 월둔동에서 합류해 홍천군과 인제군의 군계를 북서 방향으로, 구불구불 깊게 팬 골짜기를 따라 흐르는데 이 물줄기가 바로 내린천이다. 방대천과 만나 소양호로 흘러들기까지 내린천은 60킬로미터 남짓한 여행을 한다. 돌부리를 만나면 스스럼없이 둘로 갈라지고, 절벽에서 곤두박질치며 속도를 좀 내보다가 여울목에서 사정없이 휘몰아치기도 하고 다른 물줄기와 합쳐져 도도하게 흘러간다.

특히 내면 월둔에서 미산리를 거치는 계곡은 풍광이 웅장해 여름이면 많은 관광객이 찾는 곳이다. 하지만 우리가 그곳을 처음 찾았던 1991년 여름에는 객지에서 온 손님이라고는 우리 일행이 전부였다. 그해 여름은 물 위로 모습을 드러낸 기암절벽과 울창하던 참나무 숲, 귀청 따갑도록 지겹게 울어대던 참매미 울음소리로 떠오른다. 생선 비늘처럼 반짝거리던 수면으로 거침없이 날아가던 선생의 낚싯대 소리가 지금도 들리는 듯하다. 호오익, 호익.

정기 교통편은 상남면에서 끊기고 미산리까지는 트럭을 빌려 타야 했다. 비포장도로에서 돌을 밟은 트럭이 튀어오르면 짐칸에 끼어 앉은 학생들도 튀어오르며 툭툭 몸이 부딪쳤다. 그때의 우리는 그런 불편함도 낭만으로 받아들이던 혈기왕성한 젊은이들이었다. 나는 미역처럼 길고 검은 머리카락을 가지고 있었고 몸이 좼다.

마을 어귀의 천하대장군과 지하여장군을 지나자 감자밭 사이에 들어앉은 작은 집이 드러났다. 오규원 선생은 학교 교지《예장藝場》의 지도 교수였다. 건강이 악화된 선생의 요양 생활도 그해 여름부터 시작되었다. 폐가를 빌려 잡풀을 베고 도배를 한 선생은 유일한 군것질거리인 목캔디를 부적처럼 문마다 달아놓았다. 주인은 진작에 집을 떠났지만 주인이 뿌려놓았을 옥수수는 그 여름에도 어김없이 울창하게 자라 바람이 불면 옥수숫대가 서로의 몸을 휘감으면서 울었다.

감자가 지천이었다. 굵어질 대로 굵어진 감자알들이 붉은 흙

위로 몸을 드러냈다. 일손이 달려 그 많은 감자들을 제때제때 수확하는 것이 힘든 듯 보였다. 마을 어디에서도 젊은이들은 보이지 않았다. 그나마 나이 든 내외가 집을 지키는 가구도 몇 호 되지 않았다.

천변의 나뭇가지에는 상류에서 떠내려온 듯한 옷가지와 라면 봉지 들이 걸려 말라 있었다. 떠내려온 옷가지들은 불길했다. 수심 낮은 곳을 골라 물을 건넜다. 돌돌돌 물은 복사뼈를 간질이며 흘러갔다. 조금 수심 깊은 곳의 물은 정강이까지 올라왔다. 누치와 강준치, 끄리, 갈겨니, 버들치…… 선생은 물고기들을 찾아 이곳저곳 자리를 옮겨 다녔다. 호오익, 호익. 순식간에 릴에서 풀려나간 낚싯줄이 한참 앞의 수면으로 날아가 팽팽하게 꽂히는 장면은 봐도 또 봐도 물리지 않았다. 우리들은 선생 옆에 나란히 서서 애먼 떡밥만 물에 빠뜨려댔다. 너무 많은 사람들이 온 탓일까. 물고기는 한 마리도 낚이지 않았다.

다시 강을 건널 때였다. 물은 고양이의 혓바닥처럼 종아리를 핥았다. 강을 건너면서도 우리들의 웃음소리는 끊이지 않았다. 그래서 강을 건너올 때와는 달리 물살이 거세어졌다는 것도 강을 건너는 종아리에 단단히 힘이 들어가 있었다는 것도 알아채지 못했다. 반쯤 강을 건너왔을 때였다. 까르르 웃어대던 후배의 눈이 동그래졌다. "몸이 떠요!" 후배의 눈이 공포로 커지던 것이 마지막이었다. 우리 몸은 걷잡을 수 없이 물에 휘말렸다. 지겹도록 울어대던 매미 울음소리가 끊기고 두 귓속으로 우렁찬 물소리가 쏟아졌다. 별안간 강바닥에 발이 닿지 않았다. 물속에서 몇 번이고 몸이 곤두박질쳐졌다. 내가 만만히 보던 강물이 아니었다. 꼼짝없이 이렇게 죽는구나, 죽을 데를 제대로 찾아들었다는 생각이 들었다. 물속에서 몇 장의 그림이 슬라이드 필름처럼 휙휙 지나쳤다. 나는 그 그림들에서 내가 살아왔던 날들을 보았다. 공포가 물러가고 일순 마음의 고요가 찾아왔다. 몸 아픈 스승과 친구들, 죽은 우리들을 데리고 서울로 가야 할 그들의 비통한 심정이 전해졌다. 미안했다. 나는 천천히 눈을 떴다. 붉고 푸른 물이 거세게 흘러가고 있었다. 웅웅거리면서 누군가 내게 귓속말을 했다. 그리고 그 물속에서 선생이 놓친 누치와 끄리, 갈겨니를 본 듯도 했다. 용케 미끼를 피했구나, 여기 물고기가 이렇게 많다고 밖에 있는 사람들에게 소리치고 싶었다. 그때 발끝에 커다란 바위가 툭 걸렸다. 나는 바위를 딛고 벌떡 일어섰다.

또다시 지겹게 울어대는 매미 소리였다. 강 양안으로 정지 화면처럼 동작이 굳은 선생과 친구들의 모습이 보였다. 저 앞으로 두 여학생이 한 덩어리가 되어 떠내려가고 있었다. 남학생들이 달려들어 여학생들을 건져내고 내 손을 잡아 끌어냈다. 한 여학생은 안경을, 나는 슬리퍼 한 짝과 모자를 물에 떠내려보냈다. 슬리퍼 한 짝만 신고 뒤뚱거리면서 일행을 뒤따랐다. 해가 중천에 떠서 그림자가 발끝에 마침표처럼 고여 있었다. 앞이 잘 보이지 않아 눈을 가늘게 뜨고 울먹이던 여학생의 얼굴이 기억에 남아 있다. 센물에 젖은 머리카락은 엉켜 빗질이 잘 되지 않았다. 빗에 한 움큼씩 머리카락이 뽑혀 나왔다. 머리가 마른 뒤에도 물비린내는 좀처럼 가시지 않았다.

미산리에 두 번째로 간 건 그해 10월 말이었다. 트럭을 빌려 타고 산길을 들어갔다. 산골의 밤은 칠흑처럼 검어 아무것도 보이지 않았다. 트럭의 헤드라이트 불빛 밖은 절벽처럼 깜깜했다. 길 중앙에 나와 선 동물들 때문에 트럭은 자주 멈춰 섰다. 10월 말 산간 마을에는 겨울이 일찍 찾아왔다. 트럭 난간을 잡았던 손이 붉게 곱아들었다. 어둠 어디선가 돌돌돌 물 흐르는 소리가 들려왔다. 내린천 소리였다. 검은 밤하늘을 가로지르면서 강이 흐르고 있는 것 같았다. 모든 강의 발원지는 어쩌면 하늘이 아닐까, 그렇게 생각하자 검은 물속을 혼자 헤엄치는 것처럼 오싹해졌다.

날이 밝자마자 나는 민박집을 빠져나와 강가로 갔다. 물은 시퍼랬고 한눈에도 차가워 보였다. 천변까지는 용케 갔지만 강물에 발을 넣지는 못했다. 시퍼런 손이 쑥 나와 내 발목을 채갈 것 같았다. 부리나케 강에서 벗어났다. 몇 개월 만에 선생이 여름 한철을 났던 집은 다시 폐가가 되어 있었다.

세 번째로 찾아간 미산리는 변화로 몸살을 앓고 있었다. 천변 곳곳에 급조한 듯한 방갈로들이 들어서고 민박과 음식점 들을 알리는 간판들 천지였다. 새로 들어선 건물들 때문에 내가 빠졌던 곳을 정확히 집어내기도 쉽지 않았다. 두 번째와는 달리 나는 강 가까이에 갈 수 있었다. 십수 년이나 흐른 시간의 힘이었다. 나는 시추봉을 박듯 발끝을 강에 넣었다. 강은 영사막처럼 내 앞에 펼쳐졌고, 물은 흘러가며 젊은 우리들의 웃음소리를 다시 들려주었다.

또 세월이 흘렀다. 나는 가끔 꿈속에서 천변의 나뭇가지에 걸린 내 모자와 슬리퍼를 건져내곤 했다. 어떤 날은 현실과는 달리

물에서 건지지 못해 끝없이 물에 떠내려갔다. 샛강에서 흘러온 물과 합쳐지고 다시 큰 강에 합쳐지기도 했다. 검은 내 머리카락이 물풀처럼 물속에서 꿈틀거렸다. 그날 여학생이 잃어버린 안경은 깨져 파편이 되었을 것이다. 작고 투명한 모래알들이 되었을 것이다. 흠씬 물에 젖고 난 다음날이면 몸이 가뿐해졌다. 그 사이 오규원 선생이 돌아가셨다.

선생의 1주기에서 나는 살아생전 선생의 모습들을 보다가 사진 한 장을 발견했다. 1991년 여름 미산리를 떠나기 직전에 찍은 사진이었다. 우리 일행이 초췌한 모습으로 집 앞에 서 있다. 그 전날 죽을 고비를 겪었으니 그런 모습일 만도 했다. 매미가 그악스럽게 울고 내린천의 물소리가 중간중간 끼어들었을 것이다.

나는 내린천에 세 번 갔었다. 언제 또 그곳에 갈 수 있을까. 그날 잠깐 나는 강물이 되어 흘렀다. 내 곁에서 꼼지락거리며 흘러가던 그 문장들을 기억한다. 내가 읽었던 어느 책들보다도 풍성한 문장들이었다. 혈관처럼 전국을 흘러가는 수많은 지천들, 수많은 문장들. 이 땅을 풍성하게 하는 것들은 물의 말들이다. 그러니 그 말들이 저 스스로 풍성해지도록 그냥 내버려두라.

모든 물길은 사람들의 마을로 향해 있다. 좋은 문장들도 사람들 사이를 파고든다. 그날 물이 내게 해준 말이다.

강에 관한 나의 몇 가지 이야기

한강

1

외자인 내 이름은 강이다. 한자로 큰 내 강江을 쓴다. 강처럼 길디길게 흐르라고, 해가 비치면 밝게 반짝이라고 지어준 이름일 게다. 눈에 띄지 않는 평범한 이름을 가지는 게 어렸을 때부터의 소원이었지만, 지금 가만히 생각해보면 분에 넘치게 아름다운 이름이기도 하다. 허물없는 사람들은 나를 강아, 라고 부른다. 그 발음이 문득 뭉클하게 느껴질 때가 있다.

2

어렴풋이 기억할 수 있는 오래된 어린 시절부터—아니, 기억할 수 있는 것보다 더 오래된, 강보에 싸여 있던 시절부터—나는 기차와 버스에 실려 여행을 했다. 내가 태어난 곳은 광주였지만, 부모님의 고향이 남해 바닷가에 있었기 때문에 가족 모두 그곳에 자주 내려갔다.

여행은 대체로 고단했다. 열 살이 되기 전까지는 멀미를 심하게 했기 때문에 더 고단하게 느껴졌다. 멀미약을 먹고도 괴로워서, 앞좌석 등받이에 이마를 꼭 붙이고 눈을 질끈 감은 채 구역질을 참곤 했다. 그 시절의 버스는 왜 그리 느리고 덜컹거렸던지. 얼마나 자주 정차하고, 자꾸만 갈아타고, 더 기다려야 하고, 참아야 할 시간은 고무줄처럼 끝없이 늘어나기만 했던지. '다 왔다'는 어머니의 말은 어느 때건 믿을 수 없었다. '다 왔다'는 말을 금세 번복하고는 "당 멀었다, 잠을 좀 자봐라……" 하고 나를 달래곤 하셨으니까.

열한 살이 되어 서울로 올라온 뒤로 여행 시간은 배로 늘어났다. 그 사이 다른 지역의 교통은 나아졌지만, 부모님의 고향만은 마치 시간이 멈춘 듯 개발이 되지 않았다. 방학이 되면 부모님은 아직 어린 오빠와 나 둘이서 보호자 없이 여행하게 하셨다. 서울에서 광주까지 고속버스로 내려가 외가에서 여러 날을 묵고, 광주 시외버스 터미널에서 장흥까지 가서는 하루에 두 번 있는 군내 버스를 탔던, 버스가 없을 때는 재를 넘어서 갔던 그 먼 길. 오빠와 나는 사회과부도에 실린 지도의 지명들을 손톱으로 짚어가며, 지도를 돌리고 돌려서 방위를 짐작해서는 햇볕이 따갑게 쬐지 않는 좌석에 앉으며, 잔돈을 아껴 보름달 빵을 사먹으며, 겁 없이 킥킥거리며 긴 여행을 했다. (그때쯤엔 많이 자라서 다행히 멀미를 하지 않았다.)

잊을 수 없다. 그 시절 차창 밖으로 끝없이 흘러가던, 물리도록 보고 또 보았던 풍경의 아름다움을. 어쩌다 외국에 나가 있을 때면 더욱 애틋하게 눈을 가리던, 순하디순한 산과 들과 논배미들을. 수없는 비늘을 뒤척이며 고요히 흐르던 강들을.

3

세월이 흘러 부모님은 고향에 내려가 정착하셨고, 이제 나는 아이를 데리고 부모님 댁에 다니러 가곤 한다. 교통이 조금 좋아졌다고는 하지만 여전히 먼 곳이어서, 아이는 기차와 버스 여행을 퍽 지루해 한다. 그래서 고심 끝에 궁리해낸 것이 '강 찾기' 놀이다. 큰 강이든 실개천이든, 흐르는 물을 먼저 발견한 사람이 '저기 있다!' 라고 소리치고, 그 강의 크기만큼 꿀밤을 먹이는 것이다. 강의 널따란 하류를 만나면 백 대, 크지 않은 지류는 삼십 대나 사십 대, 논두렁 옆으로 흐르는 실개천은 다섯 대……. (실제로 꿀밤을 먹이기보단 꿀밤의 횟수를 보태고 빼는 일에 이 놀이의 묘미가 있다.) 아이가 여섯 살 때부터 시작한 이 흥미진진한 놀이 때문에, 일단 기차를 타면 두 사람 모두 차창에서 눈을 떼지 않는다(아이가 창가 자리에 앉기 때문에 내가 조금 불리하다).

"저기 있다!"

"저기 있다!"

"저기 있다!"

금광을 찾은 것처럼 아이가 소리칠 때마다 흠뻑 두 눈으로 흘러들어오는 물줄기들의 아름다움을, 어떻게 필설로 다할 수 있을까. 흔히 이야기하는 '금수강산錦繡江山'이니 '산 좋고 물 좋다'는 말을, 이 놀이를 하면서 절실히 깨달았다. 얼마나 섬세하고 맑은 강들이 무수히 흐르는 땅에서 우리가 살고 있는지.

4

지난겨울, 4대강 살리기 사업으로 곳곳에서 발파 작업이 시작되었다는 소식을 뉴스에서 접한 밤, 이상하게도 아침까지 제대로 잠을 이룰 수 없었다. 가까운 사람의 등과 허리를 누군가가 강제로 밟아 부수고 있는 것 같은 공포를 느꼈다. 선잠에서 문득 눈을 뜰 때마다, 발파 작업과 함께 사라졌다는, 인근의 숲 어디선가 두려워하며 뒤척였을 수달들의 눈이 불쑥 어둠 속에 떠올랐다 사라졌다. 며칠이 흐른 뒤, 보를 건설하는 강의 바닥에 콘크리트를 바를 것이라는 소식을 들었을 때에도 비슷한 괴로움을 느꼈다. 살아 있는 사람의 따뜻한 살과 뼈를 바르고 거기 콘크리트를 채워넣는다는 소식을 들은 것처럼.

바로 지금, 이 순간에도 그 작업들이 여러 곳에서 동시에 진행되고 있다는 사실을 받아들이기 어렵다. 크고 작은 강들, 아무런 쓸모 없이 흐르는 개울, 무성하게 풀이 웃자란 천변……. 이 모두가 온전히 살아 있는 생명이다. 무엇과도 맞바꿀 수 없는 아름다움이다. 삶이 뿌리째 흔들린다고 느낄 때 강 앞에—어떤 인위적인 구조물도 없는, 수천 년을 늙었으며 동시에 새벽마다 새로 태어나는 강 앞에—서본 사람이라면 안다. 한 인간으로서가 아니라 그저 만물 가운데 아주 작은 존재로서 살아 있다는 사실을 속절없이, 그러나 뜨겁게 받아들이게 되는 순간의 무게를.

5

왜 그대로 두지 않는 것일까. 왜 '살린다'고 말하면서 돌이킬 수 없이 죽이려 하는 것일까. 그토록 많은 혈세로 엄연한 생명을 파헤치는 것일까. 강보에 싸여 있던 시절부터 우리가 평생 동안 보고 또 보았던 강들, 사무치는 빛으로 우리 몸에 새겨진 모든 것을 허락 없이 부수려는 것일까.

우리는 이 세계를 가진 것이 아닌데. 잠시 이곳에 깃들어 있을 뿐인데. 하루하루 우리 몫의 삶을 조금씩 덜어 쓰다가, 축복이며 슬픔인 이 생명을 언제고 놓아주어야 할 텐데. 우리가 사라진 뒤에도 강들은 말없이 흐르다가, '저기 있다!' 하고 소리치는 누군가의 눈에 찬란하게 어른거릴 텐데……. 그들은 모르는 것일까? 인간이 얼마나 작은 존재인지, 정말 모르는 것일까?

강과 댐과 뱀과 개

한유주

강에 대한 기억을 이야기하려면 댐에 대한 추억을 이야기해야 한다. 댐에 대한 추억을 이야기하려면 어느 지방 도시에 대한 기억을 이야기해야 한다. 그 도시는 시간이 지남에 따라 시에서 직할시로 그리고 광역시로 이름을 바꾸었다. 도시의 한 지점에 조그만 아파트 단지가 있었다. 7동 5층. 아마 14개의 동이 전부인 단지였을 것이다. 왕복 8차선 도로를 사이에 두고 야트막한 산이 있었다. 그 산에 대한 추억은 없다. 기억만이 있을 뿐이다. 5층에서도 산등성이는 보이지 않았다. 앞 동이 시야를 가로막고 있었다. 산으로 가기 위해 폭이 넓은 도로를 건너가는 위험을 감수하는 것보다는 반대쪽에 있는 공터로 가는 쪽이 나았다. 공터는 공터일 뿐이었다. 공터를 지나면 실개천이 흘렀다. 그 양쪽으로는 벽돌 조각들과 시멘트 덩어리들이 쓰레기 더미와 함께 쌓여 있었다. 어느 날 그 실개천으로 죽은 뱀이 떠내려왔다. 개구쟁이 하나가 나뭇가지로 죽은 뱀을 건져 올렸다. 가느다란 뱀이었다. 그 부근에는 이제 복개천이 흐른다. 오래전부터다. 그러나 물의 흐름을 볼 수 있는 사람은 아무도 없다. 물의 움직임이 보이지 않으므로 드물게 떠내려오는 죽은 것들을 볼 수 있는 사람도 없다. 어쩌면 더 이상 죽을 것들이 없을 것이다. 산 것들은 모두 보이지 않는 곳으로 이동했을 것이다. 이 모든 것들에 대해 이야기하려면 나에 대한 이야기를 해야 한다. 어쩔 수 없는 일이다. 이런 것도 추억이라고 부를 수 있다면. 나는 이 모든 것들을 보거나 보지 않았다. 떠나온 이후로 그곳에 대한 기억들은 말끔히 복개되었다. 그러므로 오늘은 그것들이 보이지 않는다. 더 이상 죽을 것들도 살 것들도 없다. 그것들은 이제 내게 보이지 않는 곳에서 죽어간다.

내가 아직 아이였을 때 나는 종종 댐으로 갔다. 수력발전용 댐이었다. 거대한 물의 덩어리가 움직임 없이 고여 있었다. 그 근방에서는 종종 사생대회가 열렸다. 신문지를 깔고 앉은 아이들이 연필을 쥐고 물과 시멘트와 하늘과 인공 잔디를 노려보았다. 그 무렵부터 나에게는 수몰지구에 대한 환영이 간혹 나타나기 시작했다. 물에 잠긴 사람들. 물에 잠긴 건물들. 물에 잠긴 사물들. 물에 잠긴 개와 고양이들. 뱀들. 아이들은 저마다 다르게 연필을 놀렸지만 스케치북마다 그려진 그림들은 조금씩 닮아 있었다. 어느 각도에서 바라보아도 댐은 댐일 뿐이었다. 어떤 햇빛 아래 바라보아도 물빛은 변하지 않았다. 간혹 바람이 불었고, 공원 조성 시책에 따라 심은 벚나무들이 일제히 벚꽃을 떨어뜨렸다. 봄날의 정오.

그러나 시간은 정지하지 않았다. 아이들은 도화지에 파란 물감을 문지르며 섬약한 즐거움을 느꼈다. 도시에서 태어나 도시에서 자라난 아이들에게는 댐의 풍경조차도 낯설었지만 강의 그것보다는 친숙했다. 넓은 챙이 달린 모자를 벗은 선생이 이제 돌아갈 시간이라고 말하는 순간 아이들은 스케치북을 덮었다. 아이들이 젖지 않은 발로 차례차례 버스에 올랐다. 채 마르지 않은 물감들이 도화지의 뒷면에 묻어났다. 그 그림들은 한동안 교실 뒷벽에 붙여졌다가 곧 버려졌다. 그런 일들이 몇 차례 반복되었다. 나는 그 도시에서 12년을 살았다. 한 다스의 기억들이 엉망으로 구겨졌다. 간혹 댐이 물을 방류하는 장면을 텔레비전으로 볼 수 있었다. 나는 고여 있던 물이 모두 방류되고 나면 수몰되었던 모든 것들이 고스란히 드러나고 말까봐 두려웠다. 혹은 부풀고 썩어 형체를 알아볼 수 없게 된 모든 것들의 모든 것들이 낱낱이 드러나고 말까봐 두려웠다. 그것들을 보고 싶지 않았다. 그것들은 보여서도 안 되었다. 그리고 그것들은 결코 내게 보이지 않았다. 나는 도시에서 나고 자란 아이였다. 나는 그저 환영이 나를 흡수하도록 내버려두었다. 수압을 견디지 못하고 일그러진 모든 것들이 나의 발밑에 있었다. 나는 강을 기억하지 않았다. 강에 대한 기억이 구축되기도 전에 댐으로 가로막혔다. 그러므로 나의 기억에는 하류가 없다. 한때는 추억으로도 흐를 수 있었던 모든 것들이 물에 잠긴 채 부패했다. 그리고 그것들은 그대로 나의 미래가 되었다.

언젠가 텔레비전을 통해 한강을 건너는 개를 본 적이 있다. 개는 말 없는 동물이므로 그 개도 말없이 헤엄쳤다. 큰 개였다. 그

개를 지칭하는 이름이 있었을 것이다. 그러나 개의 이름은 기억나지 않는다. 강의 이편에도 저편에도 사람들이 있었다. 여러 대의 카메라가 도처에 배치되어 있었다. 사람들이 연방 개의 이름을 불러댔다. 개는 인간의 말을 하지 않으니 저를 부르는 소리도 듣지 않았을 것이다. 개는 한때 위험에 처하기도 했다. 계획된 위험이었을 것이다. 물길이 개를 에워쌌다. 사람들의 고함 소리가 높아졌다. 어째서 그 개가 한강을 헤엄쳐서 건너야 했는지는 알 수가 없다. 한 오락 프로그램에서 개에게 강을 건너게 하는 임무를 부여했던 것으로 생각되지만, 그래도 그런 일을 벌이는 이유는 납득되지 않았다. 게다가 나는 프로그램의 중간부터 보기 시작했다. 그리고 마침내 한강을 다 건넌 개가 몸을 흔들어 물기를 걷어내는 것을 보자마자 채널을 돌려버렸다. 나는 강도 개도 사람들도 보고 싶지 않았다. 채널이 바뀌자마자 강도 개도 사람들도 보이지 않았다. 나는 언제고 그 개에 대한 이야기를 쓰고 싶었다. 그러나 그 이야기를 이렇게 쓸 것이라고는 예상하지 못했다. 그 개에 대해 무엇을 쓰고 싶었는지 나는 모르겠다. 그저 강과 개와 사람들이 있던 풍경이 지나치게 기이했다. 그런 것도 풍경이라고 부를 수 있다면.

그런 것을 풍경이라고 부르는 사람은 내가 아는 한 없다. 강이 흐르는 풍경이라고 하면 사람들은 으레 다른 것을 떠올린다. 어쩌면 강물 위로 쏟아지는 햇빛. 어쩌면 강을 둘러싼 낮은 언덕들. 어쩌면 강변에서 건너편을 바라보는 사람들. 낚시꾼들. 아이들. 개들. 새들. 시간들. 강에 가본 적은 있으나 나는 강을 본 적이 없다.

강은 항상 너무 멀리서 흐르고 있었다. 사람들이 현대라고 부르는 시간이 내게서 강의 풍경을 제거했다. 어쩌면 사람들이 내일이라고 부르는 시간에는 강이 제거되기에 이를지도 모른다. 나는 강을 건넌 적이 없고 강을 건너온 적도 없다. 나는 강을 따라 헤엄친 적이 없고 강을 거슬러 헤엄친 적이 없다. 나는 강물에 발을 담가본 적이 없고 그러므로 나의 젖지 않은 두 발은 도로 위에 발자국도 남기지 않았다. 도시의 변두리로 흘러온 개천은 포장도로 밑을 흐르고 있다고 했다. 그 동네에서 자라는 아이들은 물 위를 걷는 기적을 행하는 법을 자신도 모르는 사이 체득해야만 한다. 그런 것도 기적이라고 부를 수 있다면. 댐으로 사생대회를 나간 아이들의 아이들이 댐이 있는 풍경을 강이거나 호수거나 바다의 풍경이라고 기억한다. 그들은 모두 철근으로 엮은 둥지에서 태어났다. 그리고 평생을 기억과 추억을 혼동하며 살아간다. 어쩌면 아무 일도 일어나지 않을 것이다. 결국 모든 것은 흘러가게 마련이라는 말을 아이들은 이해하지 못할 것이다. 자연히, 자연히. 나는 여전히 모든 것이 흘러가게 마련이라는 말을 완전히 이해하지 못했다. 나의 시간은 비틀렸으며 나의 공간은 비뚤어졌다. 세면대의 배수구에서 머리카락 뭉치를 억지로 끄집어낼 때마다 물은 흐르는 것이라는 사실을 겨우 알아차릴 수 있었다. 나의 기억은 아름답지 않으며 나의 추억은 존재하지 않는다. 댐에 대한 추억, 이라는 말조차 그저 수사적 억지에 지나지 않는다. 강에 대해 기억할 것이 없으니 강에 대해 추억할 것도 없다. 언젠가 가족을 따라 텅 빈 댐에 간 적이 있었다. 아직 아이였을 때다. 가파른 도로를 굽이굽이 돌아 도착한 댐을 배경으로 가족사진을 찍었다. 아버지는 그 댐의 이름이 평화라고 했다. 그리고 평화의 다른 이름은 선동이었다고 말했다. 그날 찍었던 사진은 사라지고 없다. 어떤 사람들은 평화를 기만하고 또 어떤 사람들은 미래를 선동한다. 이런 것도 미래라고 부를 수 있다면. 나는 미래를 추억하지 않는다. 그렇게 시간이 흘러간다. 그렇게, 시간이, 흘러간다. 그렇게, 시간이, 흘러갔다.

땅이 아름다운 이유

한창훈

섬마을 초등학교 2학년 때의 담임은 깡마른 남자였다. 몸이 약했던 그분은 얼굴이 하얗고 목소리도 크지 않았다. 사실인지 아닌지는 모르지만 폐병을 앓는다는 소문이 있었다. 그것 때문에 섬 근무를 자청했다는 소문도 함께 묻어다녔다.

보리수 열매가 빨갛게 익어갈 즈음 1교시 수업에 낯선 여자가 들어왔다. 그는 담임의 병이 심해져서 병원에 입원을 했으며, 퇴원해서 오는 날까지 임시 교사라고 자신을 소개했다. 교사라기보다는 두 집 건너에서 놀러온 마을 아낙 같았다.

그도 그럴 것이, 그 여선생님의 첫 수업은 학교 옆 도랑으로 우리를 데리고 가는 거였다. 철수와 영희가 바둑이를 데리고 어찌어찌했다거나, 두 자릿수 빼기를 할 때 어떻게 한다거나, 하는 것보다는 우선 이 새까맣고 지저분한 아이들 낯바닥과 손이라도 좀 깨끗이 씻겨야겠다고 생각하신 것이다.

도랑은 학교 울타리와 언덕 사이에 있었다. 돌돌돌, 맑은 물 흘러내리는 그곳엔 양 비탈에서 올라온 동백나무가 서로 맞대어 있고, 그 사이사이에서 햇살이 우산살처럼 부서지고 있었다. 짝을 맞은편에 두고 길게 줄을 지어 앉은 우리는 기차표 고무신을 닦곤 하던 그 물에 손을 담가야 했다. 봄이 무르익었지만 산에서 내려온 물은 찼다. 아이들이 코를 훌쩍이며 손이 시리다고 칭얼거리자 여교사는 막대기를 일정한 간격으로 흔들며 노래를 하나 가르쳐 주었다.

냇물아 흘러 흘러 어디로 가니.
강물 따라 가고 싶어 강으로 간다.
강물아 흘러 흘러 어디로 가니.
넓은 세상 보고 싶어 바다로 간다.

노래는 쉽고 재미있었다. 조심조심 따라 부르던 40명 아이의 목소리는 점점 커졌다. 박박 깎은 민머리에 기계총을 앓고 있던 아이는 고래고래 악을 쓰기도 했다. 시끄럽다고 여자아이들이 물을 튕기자 그는 고름이 흐르는 자신의 머리통을 느닷없이 들이대서 비명을 지르게 만들었다.

그러면서 우리는 생각했다.

냇물이 무엇인지는 알 수 있었다. 지금 손 담그고 있는 도랑이 그것 같았다. 바다는 너무 잘 알고 있었다. 섬이란 동서남북 온통 시퍼런 바다에 둘러싸인 곳 아닌가. 넓은 세상이 무엇을 말하는지도 모르지 않았다.

물론 섬에서 가장 높은 봉우리에 올라가보아도 보이는 것은 적당한 거리를 두고 흩어져 있는 다른 섬과 수평선뿐이었다. 거문도에서 볼 수 있는 섬은 초도, 연도, 청산도, 여서도, 백도, 삼부도 정도이며 날이 맑으면 제주도가 보이기도 했다. 비슷하면서도 각기 다른 그 섬들은, 내려오는 전설이나 사연도 제각각이고 해 뜨고 질 때 보면 저마다 처연하면서도 아름다운 자태를 지니고 있었다. 그렇지만 고작 그 정도를 가지고 넓은 세상이라 말할 수는 없었다.

섬마을에는 집집마다 외항선 타는 어른들이 있었다. 그들은 외국산 카메라와 선글라스, 야자수 사진을 들고 일 년이나 이 년에 한 번씩 집엘 왔다. 태평양, 인도양, 대서양, 안 가본 곳이 없었고 오사카, 부에노스아이레스, 리우데자네이루, 마다가스카르, 노트르담, 블라디보스토크 같은 곳을 뒷동네 구멍가게 가듯 돌아다니다가 왔다고 말했다. 내가 아직 한 번도 못 가본 여수나 부산, 인천 따위는 축에도 못 들었다.

말과 얼굴색이 다른 나라 사람들. 세상에서 가장 높은 산을 거꾸로 처박아도 닿지 않는다는 깊은 바다, 끝이 없는 사막과 세다 보면 분명히 헷갈리는 높은 건물, 순전히 고기로만 만들어놓은 밥에 대해서도 이야기했다. 그러니까 동네 사랑방에서 얻어들은 그들의 증언은 넓은 세상에 관한 거였다. 그들은 바다를 통해 그곳엘 다녀왔기에 넓은 세상 보고 싶어 바다로 간다,는 것은 맞는 말이었다.

"선생님, 강물이 뭐예요?"

머리를 두 갈래로 땋은 여자아이가 물었다. 선생님이 시킨 대로 조약돌로 손등을 밀고 있던 우리들도 같은 생각이었다. 도대체 강물이 무얼까. 그것은 시작과 끝은 알겠는데 중간을 모르는 것과 같았다. 이를테면 아이가 있고 노인이 있는데 중간인 어른이 없는 것과 같았다.

우리가 앉아 있는 자리에서 보면 냇물이 저 아래 강약국집 지나 곧바로 바다로 흘러들어가 버리기에 더욱 그랬다. 그러니까 섬에서 그 노래를 만들었다면 냇물아 흘러 흘러 어디로 가니, 넓은 세상 보고 싶어 바다로 간다, 이렇게 되었을 것이다.

"이런 도랑이 수백 수천 개가 모여 만들어진 아주아주 커다란 도랑이야."

선생님은 손톱 속이 늘 새까맣던 아이의 손을 씻어주며 대답했다. 그 아이 손등에서 시커먼 때가 둘둘 말려 나오자 여자아이들은 신음소리를 내며 호들갑 떨었지만, 그 애들 손도 크게 다르지 않았다.

아주아주 커다란 도랑. 나는 짐작이 되지 않았다. 수백 수천 개가 모인 도랑도 그랬다. 아주아주 커다란 물고기라면 알 수 있었다. 한 달쯤 전 해광호가 그물에 걸린 고래를 배 옆구리에 묶어 가지고 온 적이 있었다. 아주아주 커다란 배도 괜찮았다. 유조선 항

해사를 하고 있던 이모부의 사진에는 집보다, 골목보다 큰, 심지어는 섬 크기만 한 배가 있었다.

그러나 아주아주 큰 도랑은 아무리 머리를 굴려도 그려지지가 않았다. 그것은 아주아주 높은 하늘처럼, 그럴 것 같기는 한데 설명하려면 입이 붙어버리는 그런 거였다.

“수백 수천 개가 어떻게 모여요?”

이번에는 내가 물었다. 선생님은 도랑 위쪽에서 천천히 내려오며 좌우로 시냇물이 흘러드는 모습을 설명했다. 그의 설명대로 하자면 한 발자국이 산 하나씩이었다. 그래서 더욱, 우리는 강이 무언지 알 수 없었다.

“누가 그렇게 해놨어요?”

노란 콧물을 달고 다니던 아이가 물었고,

“밥 일곱 그릇 먹은 장사가 이렇게, 이렇게 만들어놨어.”

기계총 앓던 아이가 과한 동작을 하며 곡괭이질 시늉을 냈다. 아이들이 우헤헤, 웃었다. 선생님은 콧속까지 손가락으로 후벼파서 씻으라고 먼저 이르고는 말을 이었다.

“자연이 알아서 만들어놓은 것이야.”

자연이란 단어는 들어본 것 같아서 우리는 고개를 끄덕였다. 정작 노란 콧물 아이는 씻느라 설명을 듣지 못했지만 얼굴이 설날 아침처럼 말끔해졌다. 2학년 1반 아이들은 깨끗해진 손을 흔들며 돌아왔다. 운동장 가로지를 때도 그 노래를 불렀다.

나중에 들은 바로, 그분은 맞은편 섬마을이 집이며 교사자격증은 없지만 약간의 학력으로 인해 보조 교사 자격에 들었다고 했다. 한 달 뒤 담임이 퇴원해서 돌아왔고 여선생님은 볼 수 없게 되었다. 우리는 종종 그분을 떠올리며 이야기하곤 했다. 다른 교사들은 날마다 가르치려고만 했지 씻겨주지는 않았던 것이다.

2년 뒤 나는 항구로 이사를 갔다.

항구는 복잡하고 시끄러웠다. 땅은 훨씬 넓은데도 섬보다 좁은 것 같았다. 가게는 즐비하고 어선과 여객선이 수시로 드나들었으며 사람도 많았다. 조금만 어떻게 해도 어른들은 욕부터 했다. 우리 속에 갇힌 기분이었다. 섬에서 뛰노는 꿈을 꾸고 난 다음날 멍하니 정신을 놓고 있던 것도 그 때문이었다.

학교도 다르지 않았다. 교실마다 아이들이 넘쳐났고 부잣집 아이들은 편을 갈라 같이 놀아라, 말아라, 어른들 흉내를 내고 있었다. 교사도 매를 자주 들었다. 나는 자장면의 황홀한 맛을 볼 때만 섬을 떠올리지 않았다. 자장면은 아주 특별한 날에만 먹는 것이기에 늘 두고 온 섬이 생각났다.

친구가 생기자 이곳에 강이 있느냐고 나는 물었다. 친구는 있다고 대답했다. 그리고 자기 집 바로 옆이라고 덧붙였다. 그가 나를 데려간 곳은 연등천이라는 하천이었다. 시장과 상가 지역 가운데 있는 것으로 더러운 물이 고여 있다고 해도 될 만큼 천천히 흘러가고 있었다. 양쪽으로 서 있는 시멘트 축대에서는 수시로 거품이 쏟아졌고 죽은 쥐가 떠 있기도 했는데, 도랑보다는 확실히 컸다.

"이게 강이야?"

"글쎄, 나도 잘 몰라. 하지만 여수에서 가장 큰 거야."

안 보는 것만 못했다. 하지만 싫든 좋든, 나는 항구의 시민으로 살게 되었고 조금씩 섬마을을 잊었다.

몇 년이 흘렀을 때 나는 차멀미에 시달리고 있었다. 고등학교를 가기 위해 광주로 가는 도중이었다. 버스가 간이 휴게소에 서자마자 서둘러 건물 뒤편으로 걸어갔다. 항구로 이사가면서 지독하게 시달렸던 멀미의 악몽이 나를 덮쳤던 것이다.

그리고 어떤 풍경이 기습적으로 눈에 들어왔다.

숲 우거진 산이 저 멀리에서부터 첩첩 겹쳐져 있었다. 먼 곳은 아련했고 가까운 곳은 또렷했는데, 산과 산이 만나는 부분에 저곳에서 이곳까지 이어지는 푸른 물이 있었다. 은사시였던가? 푸른 물을 중심으로 나무가 왼편으로 무리지어 서 있고 건너편은 흰 조약돌 밭이 있었다. 처음 보았지만 나는 본능적으로 그게 강이라는 것을 알았다. 아닌 게 아니라 근처에 보성강이라는 팻말이 있었다.

강물은 여울에서는 진동을 하듯 부르르 떨었고 거기를 지나서면 안정을 되찾았으며, 내가 서 있는 언덕을 돌아 휘어지면서 멀리멀리 흘러가고 있었다. 숲도, 자갈밭도 끊어지는 듯하면서 이어졌다. 골짜기마다 흘러내리는 시냇물이 스며들고 있기도 했다. 넓은 땅 깊숙한 곳에 이렇게 기가 막힌 게 있었다니. 나는 바다를 보고 있을 때처럼 눈과 마음이 시원해졌다.

그때 떠오른 노래. "냇물아 흘러 흘러 어디로 가니. 강물 따라 가고 싶어 강으로 간다. 강물아 흘러 흘러 어디로 가니. 넓은 세상 보고 싶어 바다로 간다." 이 강은 저렇게 흘러 내가 살았던 섬마을로 가겠지, 우리의 손을 씻겨주었던 그 여선생님은 어떻게 변해 있을까, 뿔뿔이 흩어진 친구들은 다들 어디에서 무엇을 하고 있을까를 생각했다.

바다가 아름다운 이유가 적당한 거리를 두고 섬이 있는 거라면, 육지가 아름다운 이유는 맑고 푸른 강물을 숨기고 있기 때문이었다. 처음으로 육지가 좋아진 나는 안내양이 찾으러 와서 잔소리할 때까지 그곳에 서 있었다.

발문

이제 그만 멈추시라,
이 산천이 본디 그대의 것이 아니었으니

최성각(작가·풀꽃평화연구소 소장)

시인과 작가들이 모였다. 살아온 내력이나 생각하는 것이나 써온 글들이 각기 다른 글쟁이들이 한 주제로 한데 모이는 일은 자주 있는 일은 아니다. 그렇지만 반가움보다는 먼저 슬픈 감정이 앞선다. 이번에 생면부지의 여러 글쟁이들이 한 권의 책 속에 함께 모인 것은 순전히 오늘 이 땅에서 벌어지고 있는 끔찍한 국토 파괴 때문이다. 우리는 이곳에 '강'이라는 주제로 모였다.

한반도 남녘에 국가가 생긴 이래 대규모 국토 파괴의 역사는 사실 새삼스러운 일은 아니다. 한편으로는 산림녹화를 하면서 다른 한쪽으로는 나라 전체를 공업 기지로 만든 박정희 독재 시절부터 이 나라 산천은 천천히 몸살을 앓기 시작했다. 그는 굴뚝에서 푸른 하늘에 뿜어져나오는 검은 연기를 바라보며 "이제 가난에서 벗어나게 되었다"고 감격해 눈시울을 적시던 사람이었다. 공업화에 대한 그의 열망과 검은 연기를 바라보며 그가 흘린 눈물과 괄목할 만한 분명한 성취 때문에 그는 아직도 절반가량의 국민에게는 그리움의 대상으로 남아 있다. 순수한 애국이었든, 턱없는 위민爲民을 가장한 정권 유지였든 이 나라 산천을 오로지 조기 공업화 달성의 목적으로 활용해오던 그가 총탄에 사라지고, 수년 후 새롭게 시작된 이른바 민주 정권 때도 잘 자란 숲을 베고, 멀쩡한 갯벌을 메우는 일은 줄기차게 계속되었다. 국토 파괴의 이력으로 볼라치면, 독재 정권이나 민주 정권이나 대차大差가 없었다. 자연 파괴를 부국강병의 수단으로 여겼다는 점에서는 어떤 정권도 다르지 않았다.

하지만 이번에 새로 나타난 '권력자'가 직접 원인이 되어 감행하고 있는 국토 파괴는 그 맹목성과 폭력성, 그리고 그 반민주성과 전례 없는 사기성에서 파괴라는 면에서는 같지만, 종전의 국토 파괴와는 그 규모와 진행 과정이 다르다. 그가 기업인으로 살아온 내력에 대해서는 굳이 시비를 걸 건덕지가 없겠지만 대통령이 된 뒤에 그가 펼치는 정책과 언동은 매일같이 황당무계한 폭거의 연속이었기 때문이다. 그는 누구인가. '이명박 정권'이라 부를 수도 있고, '이명박'이라 부를 수도 있다. 문인들이 그가 벌이는 사업 때문에 이 책에 모인 마당이라, 더욱이 강의 파괴에 이토록 무섭게 집착하는 것은 누구보다도 그의 그릇된 확신에서 비롯된 바 심대하므로 나는 오로지 '그'에게만 과녁을 맞춰 이 문제에 직면하고자 한다.

그는 본디 정직한 사람이 아니었다. 그가 절대 권력자가 된 것은 그를 뽑아준 이 나라 '30퍼센트대의 사람들' 역시 공의公義보다는 사익私益을 지키고 늘리는 데 관심이 더 많은 사람들이었기 때문이다. 그렇다고 그를 뽑지 않은 사람들이라 해서 투표를 하지 않았거나 다른 마땅한 이를 찾아내지 못한 책임에서 자유로울 수는 없다. 연유야 어찌됐든, 가히 우리 시대가 그를 선택했다고 말해야 옳을 것이다. 창조의 능력보다는 파괴의 능력이 승한 인물을 뽑을 수도 있는, 최소한 이런 대의제 민주주의 제도에서는 그렇다. 이른바 그의 권력은 보수층의 적극 지지에 바탕했는데, 지킬 만한 가치가 있는 좋은 것들을 지키려는 이들이 보수층이라면, 이 나라 보수층에게 자연(잘 흐르는 강)은 지킬 만한 가치의 목록에서 제외되는 모양이다. 우려와 염려, 비판의 소리에 귀를 완전히 막고 그가 무서운 속도로 강행하는 파괴의 역사役事에 이 나라 보수층들이 이토록 관대한 것을 보면, 이 나라 보수들이 '가짜 보수'라는 게 바로 증명된다. 어쨌거나 이런 상황이 시대운時代運이라면 지금 우리는 참으로 고약한 시대를 맞이한 셈이다. 사찰은 여전할지언정 고문과 용공 조작은 그래도 없지 않느냐며, 그런 점에서는 '박정희 때'보다는 낫지 않느냐는 말을 함부로 하지 말자.

권좌에 오르더니 그는 가장 중요한 일이 오로지 그것이라는 듯이 강에 손을 대기 시작했다. 그렇게 하겠다고 공약한 자신을 '압도적 표 차'로 뽑아주었으니 강이든 산이든 나라 살림살이든 뭐든 제멋대로 해도 된다고 그는 생각했다. 그들은 2위와의 '압도적 표 차'를 자주 '압도적 지지'로 오인되도록 선전함으로써 비판과 견제를 원천적으로 봉쇄했다. 우리가 이 땅에 나타나기도 전에, 이 땅에 사람이 살기도 전부터 그렇게 생겨 먹은 동고서저東高西低의 한반도 중 그 남녘땅을 그는 자신의 임기 중에 아예 새롭게 형질 변경하려고 하고 있다. 국토는 그에게 아무런 요구도 한 적이 없었건만, 그는 국토를 "업up시켜야 한다"고 말했다. 이 나라 산천은 결단코 그의 소유가 아니건만, 그의 임기보다 오래도록 존속해야 할 산천을 그는 사유화했다. 이때 산천은 우리 삶의 기반이고 토대다. 누구도 그 기반에 함부로 도박을 걸 수 없는 존엄한 한 민족의 조건이다.

도대체 무엇이 그에게 이토록 당차고 얼토당토않은 야심을 품게 했을까? 이런 야심의 뿌리는 대체 어디에 근거하고 있을까? 한강은 동에서 서로 흐르고, 낙동강은 북에서 남으로 흐르는데, 그 사이의 산맥을 파헤쳐 낙동강과 한강을 접붙이겠다고 그는 기염을 토했다. 온 세상을 파헤치고 뒤엎고 짓밟은 뒤, 그것을 개발이고, 발전이고, 번영이라고 생각하는 사람이 바로 그였다. 무엇을 건드리든, 돈만 만들면 그만이라고 생각하는 사람이 바로 그였다. 산정山頂에 올라 "아직 개발할 곳이 많다. 걱정 없다"고 읊조릴 때 우리는 그의 정체성에 절망했다. 자연은 아직 소비되지 않은 자원이 아니건만, 그에게 자연은 개발을 기다리는 제물로 간주될 뿐이다. 그뿐인가. 그는 자주 말을 바꾸기로도 유명한 사람이다. "당선되기 위해 무슨 말인들 못해요?", 사람들 머릿속에 오래 기억될 그의 어록 내용 중의 하나다. 거짓말을 하는 것이 진실을 말하는 것보다 익숙한 이가 그분이다. 취임 직후 백만 명의 사람이 촛불을 들고 광장에 모이자 그 위세에 잠시 짓눌려 그는 청와대 뒷산에 홀로 올라 결심한 것을 선심 쓰듯 발표했다. "(공약이긴 했지만) 대운하를 포기하겠다"고. 그리고 그는 이내 '4대강 살리기'라고 말을 바꿨다. 비극의 시작은 어쩌면 말 바꾸기가 완수된 이때부터였는지도 모른다.

그가 서울시장으로서 "서울시를 하나님에게 봉헌하겠다"고 말하던 시절의 일이긴 하지만, 김대중 정권의 요구로 노태우 정권 때부터 시작되어 노무현 정권 때 물막이 공사를 마친 새만금 갯벌 죽이기 사업에서 그가 힌트를 얻었을까? 당시 갯벌을 살리기 위해 애쓰던 사람들은 10여 년에 걸쳐 '갯벌살리기 운동'을 가열차게 벌였다. 그렇게 바른 캐치프레이즈를 내걸고 의사 표현을 하자 갯벌을 메워 땅장사도 하고 골프장도 지으려던 자들은 졸지에 갯벌을 '죽이는 자'들로 규정되어버렸다. 당시 국토파괴자들이 '죽임의 세력들'로 수세에 몰리면서 느꼈던 '깝깝함'에서 교훈을 얻었을까? 도저히 결합할 수 없는 '녹색 성장'이라는 기막힌 형용 모순도 그렇지만, 그가 "4대강을 살리겠다"고 하자, 4대강이 한 번도 죽었던 적이 없었기에 그 말이 애당초 허구에 가득 차 있었건만, "그러면 안 된다"고 말하는 이들의 비판과 호소에 담겨 있던 약발이 순식간에 빠져버린 것이다. 천문학적인 돈을 들여서라도 기어이 강을 살리겠다는 기묘하고 단단한 그의 의지 앞에서 반대자들은 순식간에 잔말이 많은 사람들이 되어버리고 말았다. '실제로는 죽이면서도 살린다'는 절묘하게 도착倒錯된 말의 선점에 한 시대가 허탈과 무기력증에 빠지고 만 것이다. 그 성공적인 말 바꾸기는 결국, 본시 먹고살기에 쫓겨 나랏일에 대체로 무심한 우리 이웃들로 하여금 "대통령이 강을 잘 살리겠다는데 어련히 잘 알아서 할까", "홍수도 막고 가뭄도 막고, 자전거 씽씽 달릴 생태공원, 좋잖아?"라는 효과까지 어부지리로 얻어내고야 말았다. 4대강 살리기라는 말을 강에 손을 대려는 이들이나 강에 손을 대지 말자는 이들이나 같이 발화해야 하는 비극이 여기 있는 것이다. 그가 멀쩡한 강을 살리겠다고 소매를 걷어붙이는 순간 강은 죽어가기 시작했고, 그것을 되살리자고 외치는 순간, "이미 살리고 있잖아"라는 답변의 악순환이 되풀이되기 시작한 것이다. 도교道敎 식으로 말하자면, 간교한 작위자作爲者와 무기력한 무위자無爲者 내지는 보존론자가 같은 말을 사용하게 된 것이다.

청와대 뒷산에서 내려와 강을 살리겠다고 언표한 이후 그가 임기 3년이 넘도록 벌인 일들은 가히 탈법과 위법, 초법의 연속이었다. '2011년 우기 전에 기본 공사를 마치겠다'는 확고한 공사 일정에 맞춰 무리수를 두고 있는 안하무인의 공사 강행은 그 탈법성과 위법성, 난폭함에서 가히 범죄라 할 만한 일들의 연속이었다. 파괴의 속도전은 과로로 사람을 죽였고, 공사하던 배를 가라앉히기도 했다.

그는 날치기 국회를 통해 4대강 죽이기 예산을 증액함으로써 그 돈의 용처가 화급한 부문들을 깡그리 외면했으며, 애당초 제대로 준비되지 않은 서류조차 끝없이 조작했고, 공사와 설계가 같이 진행되는 토건사土建史에 유례없는 기상천외한 일을 벌였으며, 자연을 대하는 최소한의 사회적 양식이 담긴 모든 법률을 헌신발짝처럼 깡그리 묵살하고 위반했다. 그가 펼치는 홍보 내용은 처음부터 끝까지 '시멘트 어항'에 불과한 청계천 살리기가 그러했듯이 황당한 거짓으로 가득 차 있었다. 그러나 우리는 알고 있다. 가장 큰 그의 거짓말은 그가 끝내 대운하를 포기하지 않고 있다는 것임을.

그의 이 무섭고 집요한 고집은 어디에 근거하고 있을까? 4대강 토목 사업을 강행하느라 발생한 모든 사회적 기회비용과 우리 당대에는 쉽사리 제 물길을 찾지 못할 자연의 훼손, 무모한 국론 분열을 간단히 무시할 만큼 그가 이 고집을 철회하지 못할 다른 커다란 이유라도 있는 것일까? 오래도록 남을 그의 실책에 대한 사람들의 기억과 이 대파괴로 인해 불 보듯 뻔하게 야기될 자연의 대재앙보다 더 두려워하는 대상이 그에게 혹시 따로 있는 것이나 아닐까?

도대체 누가 그에게 이런 절체절명의 사명감을 불태우라고 부추기고 압박하고 있을까? 마치 하늘의 소명이라도 받았다는 듯이 그는 모든 우려의 소리에 오불관언吾不關焉하고 있는데, 이런 미증유의 자기 파멸적인 토목 공사도 소명이라면 이보다 비극적인 소명은 따로 없을 것이다. 도대체 어찌 한 사람의 힘이 이토록 온 나라를 마구잡이로 분탕질 칠 수 있도록 클 수 있단 말인가? 봉건 시대 황제보다 더 막강한 권력을 무제한으로 허락하는 이 망할 시스템이 어찌 제대로 된 제도란 말인가? 참으로 야속한 일이다. 하느님은 본시 지상의 인간사人間事에 간섭을 안 하시기로 유명한데, '그의 하나님'은 왜 유독 이와 같은 해괴한 소명을 그에게 내리셨을까.

그래서 아마도 이 책에도 기꺼이 참여하신 신경림 시인께서 "지금 이 공사를 추진하는 사람은 말할 것도 없고 막지 못하는 사람들도 천벌을 면치 못할 것 같은 두려운 느낌"이 든다고 토로하셨는지도 모른다.

문인들은 흔히 잠수함의 토끼나 광산의 카나리아에 비유되곤 한다. 그 비유는 연하디연한 생명의 지표를 강조하기 위해서라기보다 문인들이 지니고 있는 생명과 통증에 대한 감수성이 그만큼 남다르다는 의미로 해석해야 할 것이다. 내가 이 귀한 지면에 너무나 많은 분량을 할애해 4대강 죽이기에 무섭도록 집착하는 바로 그 권력자를 집중해서 거론하는 까닭은 앞서 말했듯 이 미증유의 산천 파괴가 바로 한 사람의 그릇된 확신에 의해 진행되고 있기 때문이다. 듣기로, 그의 집권으로 이익을 얻고 있는 세력들조차 '4대강 살리기'는 '살리는 일'이 아니라 앞날 예측하지 못할 재앙의 뿌리로 작용할 것이라 내심 비판하는 것으로 알고 있다. 한 권력자의 토목 전체주의로 인해 신음하는 것은 비단 산하山河만이 아니다. 우리 시대 모든 구성원의 생명에 대한 감수성이 약화되고 증발해버린 것이 더 불행한 일일지도 모른다. 전체주의는 꼭 적극적인 동조자들에 의해 지탱되는 게 아니라 다수의 무관심이라는 협조에 의해 기승을 부리곤 했다는 사실을 역사는 증언하고 있다. 문학이 더 이상 당대의 핵심을 드러내지 못하고 있는 지리멸렬의 시대이긴 하지만, 만약 어떤 이가 정녕 한 시절의 참다운 문인이라면 잠수함의 토끼나 광산의 카나리아처럼 다른 이들보다 먼저 산천의 파괴에 몸을 떨며 신음을 토하고, 통증을 느끼는 것은 너무나 자연스러운 일이라고 생각한다.

이 책에 모인 문인들은 연령대도 전념하는 장르도 각기 다른 분들이시다. 내가 태어날 때 이미 작품 활동을 하기 시작한 노시인도 계시고, 젊은 날 그 산문집에 박혀 있는 긴 머리의 흑백 사진을 오래도록 들여다보곤 했던 〈추억제〉의 시인도 참여하셨다. 내 흑석동 시절 니체와 테리 이글턴을 열강하시던 낚시광 선생님도 참여하셨다. 그뿐인가, "정 삽질을 하려거든 고비사막에 나무나 심으라"고 권고하는 친구의 기개 넘치는 분노의 글도 보이고, "한 이만 년쯤 뒤에, 폐석 조각들로 변해 있을" 댐의 미래를 처연한 문체로 상상하는 오래된 벗의 글도 담겨 있다. '섬진강 시인'은 강에 비추어진 자신의 탁해진 얼굴을 슬퍼했으며, 뒷산에 올라 파괴되고 있는 강을 생각하며 불길한 미래를 염려하는 작가도 있다. 만나 인사 나눈 적이 없는 젊은 작가들은 강을 따라 걸으면서 강이 제대로 흐르지 못하면 자신의 삶도 똑같이 망가질 것이라는 동병상련의 감수성을 보여주기도 한다.

글들은 비장하면서도 처연하다. 모든 글에는 곧 사라지겠지만 아직은 무소불위의 권력에 도취되어 자신이 저지르는 무서운 일에 대해 잘 이해하려 하지 않는 저돌적인 토목 권력자에 대한 혐

오와 안타까움, 그리고 정당한 분노가 직정直情의 문체에 담겨 있다. 자신을 내세우기보다 자연에 대한 사랑이 앞설 수밖에 없었기에 여기 묶은 이 글들보다 정직하고 겸손한 글도 흔치 않을 것이다. 그래서 이 책은 분노이면서 또한 기도이다.

이 기도 소리는 자칫 무력한 하소연으로도 들릴 수 있겠지만, 그 간절함과 그 밑에 깔린 근거 있는 항변으로 인해 아름답다. 이 책에 참여한 모든 문인은 여기 이곳에 누대에 걸쳐 살다간 이들에게 그러했듯이 강이 자신을 만들었다고 낮은 목소리로 추억한다. 이 책에는 작위에 대한 반성이 있고, 무관심과 무기력에 대한 한탄이 있고, 그러면서도 연약해보이지만 질긴 거미줄 같은 희망의 끈을 놓지 않는다. 강이 제대로 흐르지 않으면 다른 어떤 것도 제대로 흐르지 못하리라는 예감 때문에 생긴 희망, 말이다.

비록 이 나라 글쟁이들 가운데 너무나 적은 수효의 분들이 이 기획에 참여했지만, 거짓을 혐오하고 그 힘에 저항하는 것이 문인의 원초적 책무라는 것을 외면하지 않은 여기 이분들로 인해 우리 문학이 아직은 죽지 않았다는 것마저 이 작은 책은 증거하게 되었다. 그래서 바로 이 시기에 이와 같은 주제로 참여하신 이 문인들의 이름과 글들이 더할 나위 없이 귀하고 소중하게 느껴진다.

지금 우리 시대의 약자는 말 없는 자연과 절멸되고 있는 동물이다. 살처분되는 가축들이다. 진작에 매장된 보통 사람들의 무관심과 양심이다. 문인은 약자에 대한 연민과 그들에게 품는 사심 없는 동지감同志感으로 말미암아 비로소 문인이라 할 수 있을 것이다. 이 끔찍한 폭력 사태에 직면해 아무런 흔적도 남기지 않는다면 그것은 곧 한 글쟁이로서도, 한 인간으로서도 죄를 짓는 일과 같은 일이라는 데 동의한, 이 몇 안 되는 글쟁이들의 미약하고 낮은 목소리로 인해 우리는 비로소 인간의 위엄을 보존할 수 있을 것이다. 그렇다고 이런 책의 발간으로 이 정권의 난폭함이 갑자기 멈춰지리라고 기대하지는 않는다. 그러나 확실한 일은 공사의 진척 상황과 관계없이 이 작은 생명의 목소리들은 파괴와 죽임의 목소리보다 오래 남으리라는 믿음이다. 그리고 강처럼 흘러갈 태무심한 시간은 험한 세월을 만나 잠시 헝클어진 이 물줄기를 반드시 순리에 맞게 바로잡으리라 믿는다. 하지만 오늘 우리는 이 거대한 파괴의 힘에 짓눌려 하루하루가 숨이 막힐 것처럼 고통스럽다.

작가 소개

강영숙

1998년 《서울신문》 신춘문예에 단편소설 〈8월의 식사〉가 당선되어 등단. 소설집으로 《흔들리다》, 《빨강 속의 검정에 대하여》 등이 있다.

강은교

1968년 《사상계》 신인문학상으로 등단. 시집으로 《허무집》, 《초록거미의 사랑》 등이 있다.

공선옥

1991년 《창작과비평》에 중편소설 〈씨앗불〉을 발표하며 작품 활동 시작. 장편소설 《내가 가장 예뻤을 때》, 소설집 《나는 죽지 않겠다》 등이 있다.

길상호

2001년 《한국일보》 신춘문예에 시가 당선되어 등단. 시집으로 《오동나무 안에 잠들다》, 《눈의 심장을 받았네》 등이 있다.

김금희

2009년 《한국일보》 신춘문예에 소설로 등단.

김도연

《강원일보》와 《경인일보》 신춘문예, 그리고 2000년 제1회 중앙신인문학상에 소설이 당선되어 등단. 소설집 《0시의 부에노스아이레스》, 장편소설 《소와 함께 여행하는 법》 등이 있다.

김선재

2006년 《실천문학》 소설 부문으로 등단. 2007년 《현대문학》 시 부문에 신인 추천. 공동 산문집으로 《가족은 힘이다》, 《설렘》 등이 있다.

김용택

1982년 창비 21인 신작 시집 《꺼지지 않는 횃불로》에 〈섬진강 1〉 외 8편을 발표하면서 작품 활동 시작. 시집으로 《섬진강》, 《언제나 나를 찾게 해주는 당신》 등이 있다.

김이은

2002년 《현대문학》으로 등단. 소설집 《마다가스카르 자살예방센터》, 《피크》(공저) 등이 있다.

김일영

2003년 《한국일보》 신춘문예에 시가 당선되어 등단. 시집 《삐비꽃이 아주 피기 전에》, 동화집 《별에서 온 바위》가 있다.

김재영

2000년 《내일을 여는 작가》 신인상을 받으며 등단. 소설집으로 《코끼리》, 《폭식》이 있다.

김현

2009년 《작가세계》 신인상으로 등단.

박정애

1998년 《문학사상》을 통해 등단. 소설집으로 《에덴의 서쪽》, 《죽죽선녀를 만나다》 등이 있다.

신경림

1956년 《문학예술》에 〈갈대〉, 〈묘비(墓碑)〉 등이 추천되어 작품 활동 시작. 시집 《농무》, 《남한강》, 《어머니와 할머니의 실루엣》, 《낙타》 등 다수의 책을 출간했다.

이상섭

1998년 《국제신문》 신춘문예로 등단. 소설집으로 《슬픔의 두께》, 《그곳에는 눈물들이 모인다》가 있다.

이시백

1988년 《동양문학》 소설 부문 신인상으로 등단. 자유 단편소설집 《890만 번 주사위 던지기》, 연작소설집 《누가 말을 죽였을까》, 장편소설 《종을 훔치다》 등이 있다.

이영주

2000년 문학동네 신인상으로 등단. 시집 《108번째 사내》, 《언니에게》가 있다.

이응인

1987년 무크지 《전망》 5집에 시를 발표하면서 등단. 시집으로 《어린 꽃다지를 위하여》, 《투명한 얼음장》 등이 있다.

이혜경

1982년 《세계의 문학》에 중편소설을 발표하면서 등단. 소설집 《그 집 앞》, 장편소설 《길 위의 집》 등이 있다.

임세화

2007년 제10회 창비 신인소설상에 〈모래늪의 기억〉이 당선되어 등단.

전영태

1973년 《중앙일보》 신춘문예에 문학평론으로 등단. 지은 책으로는 《현대소설의 이해》, 《유혹과 몰입의 기술 낚시》 등이 있다.

조해진

2004년 《문예중앙》 신인문학상으로 등단. 소설집 《천사들의 도시》, 장편소설 《한없이 멋진 꿈에》 등이 있다.

차창룡

1989년 《문학과사회》에 시로, 1994년 《세계일보》 신춘문예에 문학평론으로 등단. 시집으로 《해가 지지 않는 쟁기질》, 《벼랑 위의 사랑》 등이 있다.

최승호

1977년 《현대시학》으로 등단. 시집으로 《대설주의보》, 《아무것도 아니면서 모든 것인 나》 등이 있다.

최용탁

2006년 전태일문학상을 수상하며 등단. 소설집 《미궁의 눈》, 평전 《계훈제: 역사를 딛고 선 흰 고무신》, 동화집 《이상한 동화》 등이 있다.

하성란

1996년 《서울신문》 신춘문예로 등단. 소설집으로 《루빈의 술잔》, 장편소설 《내 영화의 주인공》 등이 있다.

한강

1993년 계간 《문학과사회》에 시, 1994년 《서울신문》 신춘문예에 단편소설이 당선되어 등단. 소설집 《내 여자의 열매》, 장편소설 《바람이 분다, 가라》 등이 있다.

한유주

2003년 제3회 《문학과사회》 신인문학상(소설 부문)을 수상하며 등단. 소설집으로 《달로》, 《얼음의 책》이 있다.

한창훈

1992년 《대전일보》 신춘문예에 소설이 당선되어 등단. 소설집 《바다가 아름다운 이유》, 장편소설 《섬: 나는 세상 끝을 산다》 등이 있다.

강은 오늘 불면이다

강은교 외 28명의 작가 지음
한국작가회의 저항의글쓰기실천위원회 엮음

초판 1쇄 발행일 2011년 2월 25일

발행인 | 김학원
경영인 | 이상용
편집주간 | 박지홍
기획 | 박세원
책임편집 | 최양순
디자인 | 김태형 유주현
마케팅 | 하석진 김창규
저자 · 독자 서비스 | 조다영 함주미(humanist@humanistbooks.com)
스캔 · 출력 | 이희수 com.
용지 | 화인페이퍼
인쇄 | 청아문화사
제본 | 정민제본

발행처 | 아카이브
출판등록 | 제313-2010-59호(2010년 2월 24일)
주소 | (121-869) 서울시 마포구 연남동 564-40
전화 | 02-335-4422 팩스 | 02-334-3427
홈페이지 | www.humanistbooks.com

• 아카이브는 (주)휴머니스트 출판그룹의 자회사입니다.

ISBN 978-89-5862-376-2 03810